僕らがサッカーボーイズだった頃 4

―夢への挑戦―

元川悦子

KANZEN

はじめに

２０１２年７月と２０１４年７月、２０１６年６月に刊行した「僕らがサッカーボーイズだった頃１・２・３」のさらなる続編である本書が、２年間の取材・執筆期間を経て、ようやく完成した。今回は２０１８年６月のロシアワールドカップでの活躍が期待される日本屈指の大型ＦＷ杉本健勇（セレッソ大阪）、卓越したゴールセンスを誇る生粋の点取り屋・久保裕也（ヘント）、次世代の日本代表守護神として期待の大きい中村航輔（柏レイソル）など、10人のトッププレーヤーのストーリーを収録することができた。

17ー18シーズン・ベルギーリーグ１部で12得点をマークし、大ブレイクを果たした森岡亮太（アンデルレヒト）、17ー18シーズン・ポルトガルリーグ１部で２ケタに迫る得点を積み上げている中島翔哉（ポルティモネンセ）といった旬なプレーヤーの成長過程や近況にも迫っていて、サッカーを教える指導者、保護者、子どもたち自身にも参考になる部分が少なからずあるのではないか。全員に共通するのは、サッカーの飽くなき情熱と向上心、上のレベルを目指そうとする貪欲な姿勢だ。誰もが壁にぶつかるが、そこでひるむことなく、それを超えようと努力を重ね続けるからこそ道は開ける。「好きなサッカーのためなら何でもできる」というくらいの意気込みを持って、高みを追い求めている男たちの生きざまをぜひともご一読いただければ幸いである。

目次　CONTENTS

はじめに　1

CASE 1　杉本健勇【セレッソ大阪】　5
「一番になれ」という
父の言葉が原動力。貪欲に上を
目指し続ける日本屈指の大型ＦＷ

CASE 2　久保裕也【ヘント】　25
兄を目標にプロを夢見た少年は
無心でプレーすることを追求し
真のストライカーへと成長する

CASE 3　中村航輔【柏レイソル】　45
自分のサッカー人生は自分次第。
ＧＫは責任が重いからこそ、
乗り越えた先に大きなものを得られる

CASE 4 伊東純也【柏レイソル】65
大学で才能を開花させた
遅咲きのスピードスターは
プロでも進化し続ける

CASE 5 中島翔哉【ポルティモネンセ】85
いつもサッカーを〝楽しむ〟ことを
忘れない少年は世界の大舞台でも
活躍できる選手へと成長する

CASE 6 森岡亮太【アンデルレヒト】111
文武両道を大事にした育成時代。
自分で考えることを繰り返して
プロサッカー選手の夢を叶える

CASE 7 長澤和輝【浦和レッズ】135
大学からドイツへ赴いた
異色の経歴を持つ男。
自らの意志でキャリアを切り開く

CASE 8 小林祐希［ヘーレンフェーン］ 155
失敗してきた数が自分の自慢。
やりたいようにさせてくれた
周囲の人たちに感謝を忘れない

CASE 9 太田宏介［FC東京］ 177
周囲の人への感謝を忘れず、
自分だけの武器を磨く。
そうやって自分は生きてきた！

CASE 10 川又堅碁［ジュビロ磐田］ 199
意欲と遊び心を持ってトライ！
教え込まれず、自分なりの創意工夫が
野性的なプレースタイルの原点

おわりに 222

PHOTOS : Getty Images

「一番になれ」という
父の言葉が原動力。貪欲に上を
目指し続ける日本屈指の大型FW

杉本 健勇 すぎもと・けんゆう

[FW/セレッソ大阪]

KENYU SUGIMOTO
PROFILE

1992年11月18日生まれ。サッカーを始めたのは小学4年生のとき。地元クラブ、FCルイ・ラモス・ヴェジットで小学6年までプレーする。中学からはセレッソ大阪U-15に入り、エースとして活躍。各年代別の日本代表に選出され、2009年にはFIFA U-17ワールドカップに出場を果たす。高校3年時にはトップチームに昇格。その後東京ヴェルディと川崎フロンターレへ2度の武者修行に出るなど紆余曲折もあったが、現在ではセレッソ大阪の絶対的エースへと上り詰めている。

［プロサッカー選手になるまでの軌跡］

［小学校時代］FCルイ・ラモス・ヴェジット
［中学校時代］セレッソ大阪U-15
［高校時代］セレッソ大阪U-18

２０１７年10月10日、横浜・日産スタジアムで行われたハイチ戦で待望の日本代表初ゴールを決めてから５日後。

セレッソ大阪のエースナンバー９・杉本健勇は土砂降りの大雨に見舞われたベストアメニティスタジアムでサガン鳥栖戦に挑んでいた。

１点をリードされた前半25分、清武弘嗣が頭でつないだボールに鋭く反応した彼は

杉本 健勇 KENYU SUGIMOTO

ゴール前に抜け出した。2枚のマークが立ちふさがったが、またぎフェイントから相手の股を抜き、フリーになったところで右足を一閃。

「あんないいところに行くとは」と本人も驚くほどの会心の一撃が決まった。

「これが2017年のベストゴール」と杉本自身も嬉しそうに話したが、187㎝の長身にもかかわらず高度な技術を凝縮した芸術的ゴールを奪えるのが、彼の強みと言っていい。

「中学生の頃からきちんと足元でボールを扱える選手だった。日本にそういう大型FWはなかなかいないと思います」とセレッソU－15時代の佐藤貴則監督（現セレッソ和歌山U－15監督）はこう話す。

また、U－18時代の副島博志監督（現大阪学芸高校監督）も「中3の時に連れて行ったスペイン遠征で、レアル・マドリードのスカウトに『あの子は何歳か』と聞かれたほど、頭抜けた潜在能力がありました」と太鼓判を押す。

彼に携わった全ての指導者が非凡な才能を認めながら、大輪の華を咲かせるまでに少し時間を要した杉本健勇。

本人も2017年J1での22ゴールという実績を引っ提げ、2018年ロシアワールドカップメンバー滑り込みを虎視眈々と狙っている。周囲から大きな期待を寄せられる長身FWの成長過程を追ってみた。

大怪我によって始めたサッカー

仁徳天皇の時代に多くの渡来人がやってきた歴史があると言われる大阪市南東部の生野区。この地で大きく成長したのが杉本健勇だ。

ビル・クリントン・アメリカ元大統領の当選という世界的ニュースが轟いた92年11月、父・高裕さん、母・年さんの長男として生まれた彼は「健康で勇ましい子になるように」という願いを込めて命名された。その由来通り、幼少期は健康で、つねに外を駆け回るような少年だったという。一方で、5つ下の弟・将光さんを可愛がる優しい兄でもあった。「弟とは歳が離れているんで、よく構ったりしていた。今もそうですけど、仲はよかったですね」と彼は笑顔をのぞかせる。

地元の巽東《たつみひがし》小学校に入学したのは、日本代表がワールドカップ初出場を果たした98年フランス大会の直前。しかし当時はあまりサッカーには興味がなかったようだ。

杉本 健勇 KENYU SUGIMOTO

「小さい頃から体を動かすのが好きで、水泳や空手、バレーボールとかいろんなスポーツを習っていました。空手は家の裏に道場があったから、小1〜小3くらいまではやりました。型も当時はできましたよ」と本人は低学年の頃を述懐する。

そんな健勇少年に大きな転機が訪れたのは小3の時。

当時住んでいたマンションの2階から落ち、外を取り囲んでいた尖った鉄柵に右手が突き刺さるという大アクシデントに遭遇したのだ。親指が取れかけ、70針も縫う大ケガで、手術・入院も強いられた。

「親父に『俺、死ぬん』みたいに聞いてたほど、ひどい状態でした。『指が動きにくくなる』と先生にも言われたけど、結果的には何の不自由もなく治りましたね。それはよかったんだけど、問題は入院してる間に太ってしまったこと。差し入れを思い切り食ってたせいだと思います。周りから『相撲部屋に入れよ』と言われるくらいになってました」と杉本は苦笑する。

体が回復するにつれて「痩せなアカン」と危機感を募らせた健勇少年は、3つ上の従兄が通っていたルイ・ラモス・ヴェジットというサッカークラブに入ることにした。2つの練習場所のうち1つが近所、もう1つも自転車で行ける範囲で、通いやすかったのも大きかった。

そこで出会ったのが、金尚益監督だ。

これまで8人のJリーガーを育てている個性豊かな敏腕指導者は、抜群の身体能力を誇る健勇少年を容赦なく鍛え上げたのだ。

「練習は毎日あって、土日は朝から晩までやってたんで、瞬く間に痩せました。金さんは怖くて、バシバシしごかれましたからね（苦笑）。

俺自身は最初、ムチャクチャ下手でした。何もできへんし、ただデカいだけ。ドリブルとかボールタッチとかものすごく練習した記憶があります。監督が徹底的にやってくれたんで、かなりうまくなったと思います。小4から試合には出してもらいましたけど、ホンマに技術が上がってきて、サッカーを楽しめるようになったのは、小6くらいじゃないかな」と杉本はサッカーに明け暮れた高学年の頃を述懐する。

金監督も「育て甲斐がある選手だ」と感じていたのは間違いない。「健勇は日本を代表するFWになれる。世界屈指のFWに引けを取らないポテンシャルもある」と類まれな才能を察知していたからだ。

「小5で168㎝の長身だった健勇は、体が丈夫で、ヘディングが強く、シュート力も

杉本 健勇 KENYU SUGIMOTO

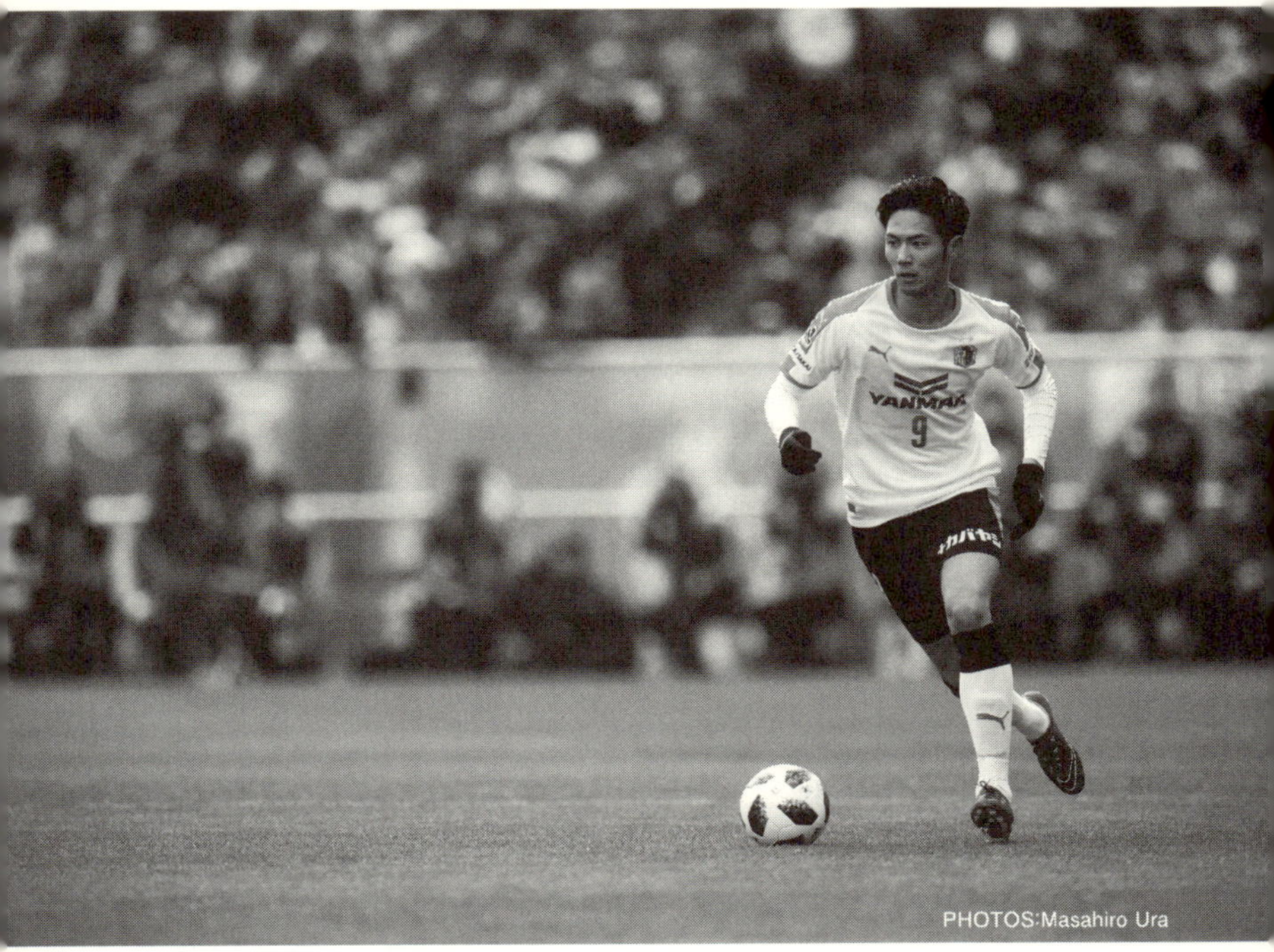

PHOTOS:Masahiro Ura

最初はムチャクチャ下手だった。だからこそドリブルとかボールタッチとかものすごく練習した記憶がある

足元の技術も備えていた。加えて根性もあった。チームや仲間に献身的で、子どもの頃からケンカもメチャクチャ強かったです。自分からは仕掛けないのに、仲間がやられると黙っていられない。そういう友達思いの優しさも大きな魅力でした」と恩師は嬉しそうに語り、情熱的なアプローチを続けた。

金監督の気持ちの入った指導に呼応するように、父・高裕さんも「サッカーで一番になれ。一番になれたら勉強せんでいい」と叱咤激励していたという。

「途中からは『やっぱり勉強もせなアカン』と言ってましたけど、親父は極端な言い方をしたんやと思います。『とりあえず一番になれ』って考え方は俺も好き。自分も子どもができたら絶対にそう言いますね」と杉本は男気ある父親へのリスペクトを抱き続けている。

高裕さんが昔気質な分、母・年さんは黙ってサポートに徹してくれた。栄養満点のボリューム弁当を作ったり、牛乳を欠かさず飲ませたりと、息子の成長を促す努力は怠らなかった。杉本家の他3人はそこまで大きくないのに、彼だけが187㎝と規格外の長身になったのも、母親の細やかな気遣いの成果かもしれない。

FWとして着実な成長を遂げていった健勇少年は、自国開催の2002年日韓ワール

杉本 健勇 KENYU SUGIMOTO

ドカップでベスト16入りした日本代表をテレビ観戦し、大いに刺激を受け、本気でプロを目指すようになった。

同大会ではのちにクラブの大先輩となる森島寛晃（セレッソ大阪強化部長）もチュニジア戦（大阪・長居）で1点をゲット。そのシーンを健勇少年も「ホンマにすごい」と尊敬の眼差しで見つめていたが、これ以上にインパクトが大きかったのがベルギー戦（埼玉）とロシア戦（横浜）で連続ゴールを奪った金髪のボランチ・稲本潤一（北海道コンサドーレ札幌）だった。彼と宮本恒靖（ガンバ大阪U－23監督）を輩出したガンバ大阪へ行きたいという気持ちがふつふつと湧き上がってきたという。

「ガンバのセレクションを受けに行きたい」

金監督にストレートに思いを告げると、返ってきたのは意外な言葉だった。

「セレッソへ行け」

これを聞いて、健勇少年は特別な感情を抱くこともなく「ああ、そうなんですか」とアッサリと申し出を受け入れていた。

「金監督がそう言ったのは、セレッソから『セレクションという形を取らずに来てほしい』という話をもらっていたからだと思います。そのことは聞いていなかったけど、当時の俺からしたらどっちでもよかった。ガンバとセレッソの育成がどうなのかも知らなかったし、特別なこだわりはなかったんで」と本人は淡々と語る。

実際、電車で30分足らずで行けるセレッソの方が学校との両立を考えても便利で、両親や金監督など周囲のサポートも受けやすい。この選択は結果的に正しかったと言えるだろう。

ハイレベルな仲間たちと切磋琢磨した中学時代

杉本が新生野中学校に入学し、南津守のグラウンドに通い始めたのは2005年春。小学生時代からの憧れの選手の1人である大久保嘉人（川崎フロンターレ）がセレッソを離れ、スペイン1部・マジョルカの門を叩いた直後のことだった。

3つ上に柿谷曜一朗、2つ上に山口蛍と丸橋祐介、1つ上に永井龍（松本山雅FC）と扇原貴宏（横浜F・マリノス）、同学年に夛田凌輔（栃木SC）がいるというタレント集団に身を投じた彼は、自分のレベルの低さを痛感した。

「みんなメッチャうまかったから、俺が考えたのは『追いつこう』ってことばかり。1

年の時は全然でしたからね」と杉本は必死に練習に励んだ。

もう1つ、ショッキングな出来事もあった。それは、U－13日本代表合宿に呼ばれ、そこで目の当たりにした宇佐美貴史（デュッセルドルフ）、宮市亮（ザンクトパウリ）、高木善朗（アルビレックス新潟）らのクオリティの高さ。

「あいつらと会った時には絶望感しかなかった」と本人も神妙な面持ちで言う。

「小学校時代の俺はヘディングが強いだけで、うまいタイプじゃなかったから、プラチナって呼ばれてた世代の面々を見て、『これはヤバいな』と実感しました。『こいつらに勝つにはどうしようか』ってところから考え始めたんです」

本気で高いレベルに目覚めた杉本。幸いにして、彼の周りには必要なことを教えてくれる指導者やコーチがいた。中2から本格的に指導するようになった佐藤監督はその筆頭とだった。

佐藤監督は大型中学生の負けず嫌いの一面をよく理解したうえで、課題修正を促した。

その1つがオフ・ザ・ボールの動きだ。

当時の杉本はボールを持っていると意気揚々とプレーするのに、ボールがない時は足が止まりがち。そこは早急に改善する必要があった。

（宇佐美貴史や柴崎岳などの）プラチナ世代の面々を見て、こいつらに勝つにはどうしようかってところから考え始めた

杉本 健勇 KENYU SUGIMOTO

すでに身長180cmに達しながら、サイズ感を実戦で生かしきれないことも問題点だった。成長段階で体のバランスが悪いのに、杉本は足元の技術にこだわりすぎて、サッカーの本質であるゴールを忘れがちになってしまう。こうしたマイナス面を指摘すると、本人は「分かりました」「頑張ります」とすんなり受け止める素直さを持ち合わせていたようだ。

「思春期の選手はメンタル的にも難しいことが多いけど、健勇は僕らの話を聞く耳を持っていました。いろんな出来事があって学校から呼び出されたこともありますが、『自分の行動がサッカーにプラスになるかどうかをしっかり考えてほしい』と言えば、きちんと分かってくれる賢さも持ち合わせていました。

健勇は身体能力や技術含めてプロになれるポテンシャルが非常に高い選手だったので、絶対に伸びてもらわないといけなかった。そういう思いは僕の中でも強かったですね」と佐藤監督は当時の胸中を打ち明ける。

中学校での杉本は優等生でも問題児でもなかったが、金監督が代弁していた通り、友達が何かしら問題に巻き込まれたりすると前に出て行ってしまう。大阪の繁華街近くに住んでいるだけに、盛り場に遊びに出かけることも皆無ではなかった。そういった行動を学校側はよしとしていなかったから、何度かセレッソにも連絡してきたのだろう。

「そういうこともありましたけど、俺はサッカーが大好きだったんで練習は休んだことはないです。ただ、遊ぶ時は遊んでいいと思う。その分、やる時はやらなアカンというのが自分のポリシー。メリハリがあるからサッカーも頑張れる。そこは今も昔も変わっていませんね」と杉本は大人びた考え方を持っていたことを吐露する。

その人間性を両親やセレッソ関係者らがしっかりと把握したうえで、うまくフォローしてくれたから、その後の成長があった。それは紛れもない事実と言える。

DFとFW、二足の草鞋でチームに貢献

中3になると、杉本はU－18での活動がメインになった。そこで指導に当たったのが副島監督だ。セレッソを皮切りに、鳥栖、ヴィッセル神戸などで指揮を執ったプロフェッショナルの指揮官は、年上の選手にも物怖じすることなく意見を言える大人びた中学生を好意的に受け止め、積極的に起用するようになった。

「僕が見るようになってから、それまで最前線に入っていた健勇を右サイドハーフで出

杉本 健勇 KENYU SUGIMOTO

し始めました。

ガンバと試合をする時、相手の左サイドに宇佐美がいるんで、その動きを封じるために健勇が必要だった。守備面での貢献度は絶大でしたね」と指揮官は言う。

当時のセレッソU－18にDFの人材が薄かったことから、センターバックとの併用もしばらく続いた。指揮官にとって印象深いのが、杉本が高1だった2008年Jユースカップ決勝のガンバ戦。山口と永井のゴールで2－0と折り返し、副島采配的中かと思われたが、後半4点を叩き込まれて、逆転負けを喫した因縁のゲームだ。

「『DFで使いたい』と説明した時も、本人は『チームのためにやります』と二つ返事で了承してくれました。彼は勝利のために身を粉にできる人間。この時も悪くない動きをしてくれた。育成年代といっても、勝つために策を講じることはやはり重要。健勇のように高さと速さ、技術を兼ね備えた選手は滅多にいないので、その強みを最大限生かすことはチームにとっても大切だと思います」

監督の狙いを汲み取ってセレッソでDFをこなし、池内豊監督（現日本サッカー協会ユース育成ダイレクター）率いるU－17日本代表へ行くとFWに入るといういびつな状況がたびたび起きたが、杉本自身はそこまで深刻には悩まなかった。

「センターバックも面白かったですよ。ただ、高3になって、プロでどうしていくかを考えた時、やっぱりFWで勝負したいなと率直に思った。『やっぱ俺は点取ってヒーローになりたいんや』という強い気持ちが湧いてきて、当時の大熊（裕司=現セレッソU−23監督）監督に『FWでやりたいです』と言ったんです」

杉本健勇が自分の意思をここまでハッキリと口にしたのは、この時が初めてだったかもしれない。

確固たる信念をクラブ側も感じたから、「DFとしてではなく、FWとしてやらせよう」という明確な方向性が定まったのだろう。

彼自身も身の振り方を決めた以上、FW道を邁進するしかない。FWはヒーローになれる反面、点が取れなければ戦犯扱いも受ける非常に厳しいポジションだ。

その両面を理解し、チームの勝敗の責任を一身に背負う覚悟を、17歳の杉本は決めたはずだ。

父の「一番になれ」という言葉を脳裏に深く刻みつけた大型FWは2010年7月、高3の途中でトップに昇格。プロサッカー選手としての第一歩を力強く踏み出した。

杉本 健勇 KENYU SUGIMOTO

PHOTOS:Kenzaburo Matsuoka

センターバックも面白かった。
でもプロでどうしていくかを考えた時
やっぱりFWで勝負したいなと
率直に思った

エースとしての自覚が得点力アップにつながる

レヴィー・クルピ監督（現ガンバ大阪監督）率いるセレッソは若い才能を積極起用するチームとして広く知られていた。

杉本がトップ昇格した時点ではすでに香川真司がボルシア・ドルトムントへ移籍。乾貴士や清武弘嗣といった20代前半の面々も海外クラブから熱視線を浴びていた。そういうタレントがいる分、10代の大型ＦＷにはなかなか出番が巡ってこない。２０１１年の杉本はＪ１・15試合出場２得点にとどまり、２０１２年には東京ヴェルディに３ヶ月間のレンタル移籍に出されることになった。

初めての武者修行の成果はすぐに出る。

ヴェルディでの18試合５ゴールという目覚ましい活躍を見せ、２０１２年ロンドン五輪代表に滑り込み。世界舞台に参戦することができたのだ。その自信を胸にセレッソに復帰するも、攻撃陣の壁は依然として分厚い。

自らをさらに大きく飛躍させるために２０１５年には川崎への完全移籍を決意。大胆チャレンジに打って出たが、ここでも大久保、小林悠という２人の看板ＦＷの牙城を崩

杉本 健勇 KENYU SUGIMOTO

しきれなかった。

「でも川崎へ行って、嘉人さんの存在に衝撃を受けましたね。『決めるから俺に出せ』と仲間に物凄く要求するんです。パスを出さないとメッチャ怒る。その代わり、ホントに決める。だから誰も何も言えない。ＦＷとしてすごいと思ったし、自分のそうならなアカンって危機感を覚えたんです」

１年で再びセレッソに戻ってからは、大久保から学んだ点取り屋の矜持《きょうじ》を前面に押し出し、チームメートに容赦ない要求を突き付けた。

「『こいつメッチャ怒るやん』と思われたかもしれない」と本人も苦笑したが、それだけプロフェッショナルとしての厳しさを身に着けた証拠。結果として２０１６年Ｊ２で14ゴールを挙げ、迎えた２０１７年。

尹晶煥監督に絶対的１トップと位置付けられ、Ｊ１で１シーズン22ゴールというキャリアハイの数字を叩き出す。長い年月を経て、杉本はセレッソの絶対的エースへと上り詰めたのだ。

「プロになりたいと思ったら、まずサッカーをガムシャラに楽しむことが一番。そういう中でうまくなりたい、人に負けたくないと感じたら、人の２倍、３倍練習するしかない。俺も親父から『人が寝てる時に練習しろ』って言われましたけど、ホントにそうやって毎日コツコツ頑張るだけ。努力が結果に結びつくとは限らないけど、そこまで頑張った人間は他のことでも成功できる。そう思います」

目を輝かせながらこう語る杉本はさらなる高い領域を追い求めている。

セレッソのJ1制覇、自身の日本代表定着、ロシアワールドカップ出場とハードルは少なくないが、それを1つひとつクリアすることが、支えてくれた人々への一番の恩返しになる。優しさと情け深さを併せ持つ杉本健勇ならば、自身の成功という形で期待に応えてくれるはずだ。

PHOTOS : Kenzaburo Matsuoka

兄を目標にプロを夢見た少年は
無心でプレーすることを追求し
真のストライカーへと成長する

久保裕也《くぼ・ゆうや》

[FW／ヘント]

SOCCER BOYS 4　CASE 2

YUYA KUBO
PROFILE

1993年12月24日生まれ、山口県出身。2つ上の兄・武大さんの影響でサッカーを始め、小学生時代は大歳サッカースポーツ少年団と選抜チームのFC山口でプレー。中学は地元の中学でプレーし、高校からは越境して京都サンガU-18に加入。同郷の原川力とチームメイトになる。高3の時には2種登録ながらJ2・30試合に出場し10得点と大活躍し、その後トップチームに昇格。日本代表にも18歳で初招集される。2013年からはスイスでプレー。リオデジャネイロ五輪日本代表にも選ばれる。現在はベルギー・ヘントで活躍する傑出した得点感覚を誇るストライカー。

［プロサッカー選手になるまでの軌跡］

［小学校時代］大歳サッカースポーツ少年団
FC山口

［中学校時代］鴻南中学校

［高校時代］京都サンガU-18

香川真司（ドルトムント）と岡崎慎司（レスター）のゴールで2－0とリードした2017年3月28日の2018年ワールドカップロシア大会アジア最終予選・タイ戦（埼玉）。日本代表先輩アタッカー陣の2得点をアシストした久保裕也は後半12分、自らの強烈シュートでダメ押しに成功する。酒井宏樹（マルセイユ）のスローインをペナルティエリア手前右寄りの位置で受けた背番号14は迷うことなく左足を一閃。豪快にネットを揺らした。

「意外とフリーだったし、あの状況ですごい落ち着いていたんで、打とうと思いました。ニアというか、内側の方を狙ったんですけど、あそこまでうまくいくとは思わなかったです」と本人も驚くようなビューティフルゴールに見る者の多くが魅了されたはずだ。

「あのシュートは裕也の得意なパターン。中学生の頃もそうでしたけど、迷いがなければああいうふうに思い切って左足を振れる。『打てば入る』という感覚を持てている時の裕也の決定力は凄まじいものがありますね」と山口市立鴻南《こうなん》中学校時代の恩師・松野下真監督（現山口県立下関中等教育学校教頭）は嬉しそうに語っていたが、久保自身も無心になれている時がベストな状態だと言う。

「いろいろ気にしだすとドツボにはまるという自分の性格に、スイスの頃から気づき始めました。ゴール前で落ち着いて、イメージ通りにやれば入るものも、慌てたりすると入らなかったりする。考えすぎている時はホントに結果がついてこない。メンタル的な部分が全てだと痛感する日々です」と彼は点取り屋ならではの難しさを、しみじみと口にした。

数々の苦しみと喜びを味わいながら、自身のストライカー道を歩んできた久保。「1つのことに没頭するのが好き」と本人も言うように、彼はゴールの爽快感、達成感をひたすら追求し続けてきた。

「僕のシュートはフォームもメッチャキレイなわけでもないけど、決められる自信はある。自分の形を作ることが大事だと思います」と語気を強める近未来の日本のエース。その生きざまを今、改めて探ってみた。

2つ上の兄を目標にサッカーと触れ合う

Jリーグ誕生で日本中が湧いていた1993年の12月。明治維新の原動力となった長州藩士・井上馨《かおる》、安倍晋三首相の祖父である岸信介元首相の出身地としても知られる中国地方の人口19万都市・山口市で久保は世を受けた。「裕也」と名付けられた男の子は、4つ上の姉・知代さん、2つ上の兄・武大さんとともに活発に育った。「両親は厳しかった。挨拶とか行儀作法とかはしっかり躾《しつ》けられました。僕がお母さんに反抗したり、文句言ったりすると、お父さんに物凄く怒られましたね」と久保は幼少期を述懐する。日本体育大学時代に空手の選手だった父・隆さん、合気道をやっていた母・恵美子さんは当初、子どもたちに武道をさせたかったようだ。「姉は少し剣道をやったんですけどダメで、僕ら2人には何も言いませんでした」と久保は笑みをのぞかせた。

兄と弟が興味を持ったのはもちろんサッカー。裕也少年は武大さんの後を追うように5歳からボールを蹴り始めた。兄はアビスパ福岡U－18から流通経済大学に進んで総理大臣杯優勝を経験。現在はドイツ5部でプレーするアタッカーだが、少年時代はスピードスターとして将来を嘱望されていた。「武大は本当に頭抜けた選手で、裕也にとっては『目の上のたんこぶ』のような位置づけ。『兄貴には敵わない』とずっと思っていたんじゃないかな」と松野下監督も証言するほどだ。弟・裕也はその背中を必死に追いかけ続けた。

「兄は足が速くて、僕とは全然タイプが違った。子どもの頃からずっと憧れて、目標にしてきた存在でした。家から近い維新公園（維新百年記念公園）とかいろんな場所によく行って、2人で1対1をしたりしてましたね」と兄弟で切磋琢磨した日々を感慨深そうに振り返った。

PHOTOS:Masahiro Ura

兄は僕とは全く違うタイプ。
子どもの頃からずっと憧れて、
目標にしてきた存在だった

久保裕也 YUYA KUBO

大歳《おおとし》小学校2年の時に同サッカースポーツ少年団に入ったのも、兄の影響が大きかった。ワールドカップフィーバーの流れもあったのか、裕也少年の時は同学年25人、全体で100人弱がいる大所帯。指導者はお父さんコーチなど外部指導者が複数いたが、全体を統括していたのが団長の石井貫太郎氏だ。

「大歳サッカースポーツ少年団は月・火・木・金曜日の週4回の活動でした。裕也はサッカーが大好きで、真っ先に物置にボールを取りに行き、グランドに出て嬉しそうにボールを蹴っていました。少しワンマンなところのある武大とは対照的で、感情を表に出さず、ずる賢く行動できるタイプでした。兄ちゃんがどう行動し、何をしたら怒られるのかという一挙手一投足を間近で見ていたから、そういう性格になったんでしょう」

とベテラン指導者は見る。

石井氏と指導者仲間だった岡部正晴氏が市内7~8校の少年団の選抜チーム的存在である「FC山口」を立ち上げたのも、ちょうどその頃。石井氏が代表に就任し、大歳小のグランドで練習することとなったため、久保兄弟は少年団に加え、水曜日と週末はFC山口の一員としても活動するようになった。

「FC山口はいろんなところから選手が集まったクラブだったんで、スポ少よりはレベルが高かった。スポ少で楽しみながらプレーし、FC山口で上を目指すという意味では両方を掛け持ちしていてよかったと思います」と久保も2つのチームで活動したプラス効果を実感しているようだ。

FC山口にとっての最大目標は全日本少年サッカー大会出場。清武弘嗣（セレッソ大阪）を輩出した大分・明治北サッカースポーツ少年団、森島寛晃（現セレッソ大阪強化部長）を送り出した広島・大河《おおこう》フットボールクラブなどと交流があり、「自分たちも早くそのレベルに到達したい」と岡部氏は石井氏とともに日頃から夢を語っていた。が、同じ市内のライバル・山口サッカースクールが大きな壁として立ちはだかっていた。

「当時、山口サッカースクールは全少の常連。我々は武大の時を含めて県予選決勝で過去に2度負けていました。裕也の代はいい選手がそろっていたので、何として勝ちたかった」と岡部氏も3度目のチャレンジで大願を成就させたいと切なる思いを抱いていた。

現場指導に携わっていた石井氏は大柄な裕也少年をDFに起用していたが、ある時、下についていた河村徹コーチが「一番うまい裕也をFWで使いたい」と提言。FWとして秘密特訓させるに至ったという。

「山口サッカースクールは情報網に長けたチームだったので、練習試合などで裕也をF

久保裕也 YUYA KUBO

Wで使っていることが分かったら、すぐに対策を取られてしまう。それを避けるため、普段はDFをやらせつつ、練習ではシュートなどFWの動きを徹底的にさせました。裕也もFWが好きだった。低学年の頃、武大が左足でシュートを蹴る姿を見て、『サッカー選手は両足でシュートを打てないかん』と自ら進んで練習していたので、左右のタッチは柔らかかったですね。僕らは枠に蹴る大切さを子どもに強調していましたが、裕也はトラップやターン、フェイントの1つひとつにじっくり取り組み、確実にモノにしようと繰り返しトライしていた。指導者は急いで先へ進みがちですが、あの執着心と集中力、貪欲さが彼の秀でたところでした」（石井氏）

久保自身は「石井さんや河村さんには怒鳴られていた記憶しかない」と苦笑するが、FWとしてピッチに立って得点することは、至福の喜びに他ならなかった。「DFもヘディングでクリアしたり、ボールを奪ったりするのは面白かったけど、やっぱりゴールが一番。コーチたちに言われなくてもFWをやっていたと思いますよ」と本人も言うように、点取り屋の本能は確実に覚醒していったのだ。

その才能を全国の舞台で発揮できればよかったが、裕也少年が小6の時は、全少県予選決勝でPK戦の末に敗れてしまう。大一番でエースストライカーとなった彼は先制点を入れたものの、追いつかれて1―1でＰＫ戦へと突入。勝負は14人目までもつれ込み、ＦＣ山口にまさかのミスが出てしまう。彼らの夢はついえた。

「裕也はプレッシャーのかかる場面でもまるで緊張しなかった。ＰＫ戦も一番手で2本決めましたが、ＦＣ山口時代はＰＫを一度も外したことがなかったですね。決勝で負けた時も涙を流すことなく、淡々としていた。どこか強心臓の部分が垣間見える子どもでした」と石井氏も大物の風格を感じ取ったようだ。

大歳サッカースポーツ少年団、ＦＣ山口という「原点とも言える場所」で思い切りグランドを駆け回った久保は、小学生時代の充実感を胸に２００６年春、鴻南中学校へ進んだ。

小学生時代から突出していたライバル・原川力の存在

ＦＣ山口の仲間も数多く加わった鴻南中サッカー部は1学年30人程度、3学年で約１００人という規模の大きなチームだった。松野下監督は当時、山口県サッカー協会育成チーフを務めていて、小5の頃から裕也少年を見る機会に恵まれたが、最初の印象は

久保裕也 YUYA KUBO

決して芳しいものではなかったようだ。

「私が鴻南に着任してから石井さんに協力体制を取ってもらいましたし、FC山口の裕也の代は全少を狙えるチームだと聞いて、大いに興味を抱いていました。

その頃の彼はサイドアタッカーやボランチでプレーしていたけど、シャープな選手だとイメージを持っていたので、『こんなもんか』と正直、少しガッカリしました。2つ上の兄貴が強烈だったんで、落差も大きかったのかもしれません」と恩師はストレートな物言いを見せた。

実際、久保は小5～6年の山口トレセンでも中の下くらいの位置にいた。足元の技術ではのちに京都サンガU−18、リオデジャネイロ五輪代表で盟友となる原川力（サガン鳥栖）がダントツ。他にも優れた選手が何人もいた。ただ、ここ一番で点を取れるという勝負強さは大いに目を引いた。「裕也はもっとイケる」と感じた松野下監督は、より高いレベルを意識させるべく彼にアプローチしようと考え、シュート練習を積極的に取り入れた。当時の鴻南中はGKが7～8人いたため、ゴールを複数並べてその前にGKを立たせ、フィールドプレーヤーが次々と強いシュートを打っていくような練習が容易にできる環境にあった。

強く正確なキックを枠に飛ばすのはそう簡単ではない。松野下監督はそれを選手たちに要求したが、ゴールに向かう時の久保は目の色が変わる。誠心誠意、1つひとつのボールを蹴るこの練習が、ストライカーの感性を研ぎ澄ませるいい機会になったと言える。

久保はそれだけに飽き足らず、自主トレも進んでやった。冬季の鴻南中は17時完全下校ということで、十分な練習時間が取れない。そこで彼は朝晩、自分でボールを蹴るようになったという。

「中学時代は1回家に帰って、すぐ飯を食べてまた外に出て、夜10時くらいに帰る感じでした。朝も学校が始まる前の1時間くらいはボールを蹴っていました」と自ら進んでサッカー漬けになったことを明かす。

幸いなことに、鴻南中の真ん前にある維新公園には芝生のグランドが複数あった。そこにボールを携えて行っては黙々と壁打ちをするのが常。この様子を見て、飛び入り参加してきたのが、同級生の原川だった。

「僕は中体連ではなく、レオーネ山口（現レノファ山口）に入っていたので、裕也とは別のチームでプレーしていました。学校以外は行動も別だったけど、夜に維新公園を通りかかると、電灯の下で裕也が連日ボールを蹴っていた。自分も帰りや朝に行って一緒

久保裕也 YUYA KUBO

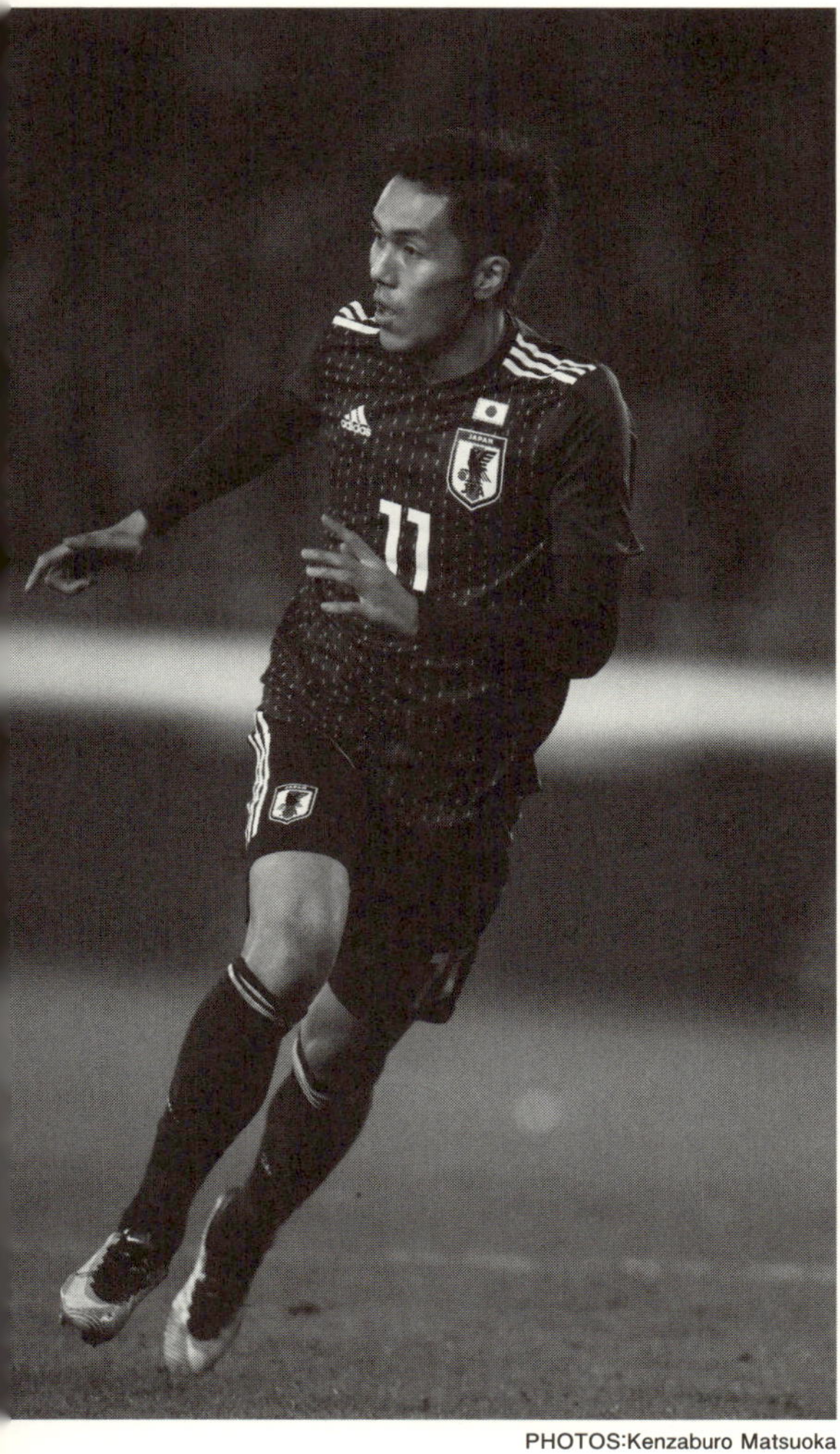

（原川）力とは同級生だったけど、
クラブと中学っていうことで多少、
意識しあっているところはあったかもしれない

PHOTOS:Kenzaburo Matsuoka

にやるようになりました。だけど2人で1対1とか対人練習をするのではなく、それぞれが黙々と個人練習に取り組んでいましたね」と原川は当時の様子を説明する。

久保も「力とは同級生だったけど、『1対1をやろう』と言える仲ではなかった。クラブと中学っていうことで多少、意識しあっているところはあったかもしれない」と本音を吐露する。思春期特有の複雑な感情も入り混じっていたのか、お互いがそれぞれ自分に必要な練習に取り組んだことは、結果的にプラスに働いた。何千回、何万回と壁にボールを蹴り続けたからこそ、久保はキック力を高め、強く迫力あるシュートを打てるようになったのだから。

「当時は『感性を磨く』『シュートの形を作る』といったことは全く考えていなかったけど、やっぱり維新公園での壁打ち練習がシュートの自信を与えてくれたのは確かだと思います。チームの全体練習でもシュートを意識していたけど、やっぱり自分の練習が一番大事。プロになるような選手はみんなそういう自主練を絶対にしてると思いますよ」と久保は地道な努力の大切さを強調する。

ただ、この生活ではどうしても勉強時間が満足に取れなくなる。両親には「勉強しろ」と口うるさく言われることもあったが、プロを目指して本気になっていた彼は「勉強で

久保裕也 YUYA KUBO

きなくてもサッカーに集中していればいい」といい意味で割り切っていた。「ストライカーとして自ら道を切り開いてやる」という覚悟のようなものが、すでにこの時点で備わっていたのかもしれない。

そうやって成長を遂げていった久保だが、松野下監督にはメンタル面に波があるのが見て取れた。冒頭のタイ戦のように、好調時は堂々とゴールに突き進んで豪快なシュートを決めるが、不調に陥るとペナルティエリアからどんどん離れていってしまう。中3の全国中学校サッカー大会県予選の際、指揮官は一度、凄まじい勢いでカツを入れたことがあった。

「FWというのは調子が悪い時は『味方がボールを出してくれない』といった言い訳をしがち。裕也もそうだったので『ここによこせと自分から要求しろ』と怒りました。『逃げるな』というのは、彼に一番多く言った言葉。ペナルティエリアに入って逃げのドリブルをすることだけは許せなかったんです」

松野下監督があえて苦言を呈したのは、FWとしての非凡な能力を確信していたから。現に久保は中3頭の福岡・宗像《むなかた》市でのカップ戦で、格上の大分トリニータU-15相手に4発を叩き込むという離れ業をやってのけている。

その時も前半は0－2の劣勢に立たされ、彼自身も逃げの姿勢が垣間見えたが、ハーフタイムに「何をビビってるんだ」と言われて目が覚めた。豹変ぶりを目の当たりにして、松野下監督は「裕也はJクラブでも通用するかもしれない」と直感したという。

浮き沈みを繰り返しながら全中出場を果たした久保は、京都とヴィッセル神戸、福岡のユースから誘いを受けるに至った。兄が進んだ福岡も熱心だったが、高本詞史スカウト（現FC岐阜チーム統括部長）が精力的に足を運んでくれた京都行きを決意。同級生で自主トレ仲間の原川とともに故郷を離れた。

プロ1年目で初めて味わった重圧

2009年、京都の育成プログラム「スカラーアスリートプロジェクト」の5期生として、久保は京都U－18入りした。同プロジェクトはクラブに関わる費用、寮費が全て無料で、名門・立命館宇治に通えるという魅力的なもの。ただ、学業成績が一定レベルに達しないと練習参加が許されないというルールがあり、久保と原川は寮で家庭教師と特別に勉強する時間を設けられることが何度かあった。

久保裕也 YUYA KUBO

「練習が終わった後、1時間の勉強の時間がありました。成績基準に達しないとポイントが減点されていき、10ポイントたまったら練習を1週間休まなきゃいけなかった。裕也はうまく回避していたけど、僕は1回ありましたね」と原川は苦笑していたが、京都屈指の進学校に通いながらの文武両道というのは非常にハードルが高かった。

それでも、サッカーに邁進できる恵まれた環境を手に入れ、久保は点取り屋としての理想をさらに追求した。「ユース時代の裕也はホントにサッカー一色。それくらい集中していた」と原川も神妙な面持ちで言う。

「シュート練習は中学時代以上にやりましたね。高2の時には中足骨が折れて3ヶ月くらい休みましたけど、それ以外は特に挫折もなかった」と久保は比較的充実した日々を送ることができた。同期10人がトップに昇格するほどハイレベルな集団に身を投じ、切磋琢磨する経験があったから、早い段階でのプロデビューも果たせたのだろう。

高3だった2011年は2種登録ながらJ2・30試合に出場し10得点と大活躍。同年末の天皇杯準決勝では中村俊輔（ジュビロ磐田）擁する横浜F・マリノス相手に1ゴール1アシストの大活躍を見せ、久保裕也の名を日本中に轟かせた。トップ昇格直後の翌2012年2月には、アルベルト・ザッケローニ監督（現UAE代表監督）率いる日

高校生まで気楽にやれたのに
プロ1年目は変に重圧を感じてしまった

PHOTOS:Getty Images

久保裕也 YUYA KUBO

本代表にも18歳で招集された。新たなスターＦＷの出現に当時のサッカー界は色めき立った。

「その２０１２年は苦しかった。１年間通して全く何もできなかったのはあのシーズンだけなんで。高校生の時は気楽にやれたのに、プロ１年目はプレッシャーを感じる必要もないのに変に感じてしまったのがよくなかったですね。ＡＦＣ Ｕ－19選手権（２０１２年11月＝ＵＡＥ）も全くダメで、周りからエースと見られることにも慣れていなかった。もともと自分はそういう立場は苦手。点を取ることだけにフォーカスしていたいタイプなんです」と彼は5年半前の重圧を改めて吐露した。

屈辱をバネにその後、スイスとベルギーを渡り歩き、リオ五輪代表やA代表で修羅場をくぐる中、久保はようやく自らの身の処し方を体得したと言っていい。小さな波はまだあるが、以前に比べて安定したパフォーマンスを出せるようになってきたのは間違いない。

心身ともに落ち着き、日本代表に相応しい雰囲気を漂わせるようになった生粋のゴールハンターがここから目指すべきなのはより高い領域だ。２０１８年ワールドカップロシア大会の大舞台はもちろんのこと、本人は欧州5大リーグへのステップアップも渇望している。それを現実にするためにも、久保はＦＷとしての独自性を突き詰めていく必要がある。

「今、自分が理想としているのは、ダビド・ビジャ（ニューヨーク・シティ）。同じ右利きで、身長もほぼ一緒で、めちゃくちゃスピードがあるわけでもないのに、メッチャ点を取る。とにかく虎視眈々とゴールを狙っている。スペイン代表ではジョーカーとしても短時間で仕事をする。ちょっと似ている選手かなと自分の中で重ね合わせているところです」と彼は目を輝かせた。

確かに久保裕也は１トップにもサイドアタッカーの枠にもとどまらない。ヘントではトップ下に入ることも少なくないが、ゲームメーカータイプではない。１トップの背後を幅広く動いてゴールを狙うセカンドトップ的な役割がベストかもしれない。そんな仕事ができる日本人ＦＷはそうそういない。彼はオンリーワンになれる可能性が高いのだ。

「裕也には新たなＦＷの境地を切り開いてほしい」と松野下監督がエールを送る一方、石井氏と岡部氏も「このまま際限ないところまで突き進んでほしい。裕也ならできる」と大きな期待を寄せる。そんな周囲の思いに応えるべく、傑出した得点感覚を誇る男は今日も明日も貪欲に前進を続けていく。

PHOTOS : Kenzaburo Matsuoka

自分のサッカー人生は自分次第。
GKは責任が重いからこそ、
乗り越えた先に大きなものを得られる

中村 航輔《なかむら・こうすけ》

［GK／柏レイソル］

SOCCER BOYS 4　CASE 3

KOSUKE NAKAMURA
PROFILE

1995年2月27日生まれ、東京都出身。小学1年生の時に、コアラSC（現ヴィルトゥスSC）で本格的にサッカーをはじめ、小学5年生の時に柏レイソルU-12に加入。柏U-12では、ダノンカップ世界大会を経験。以後、U-15、U-18とチームの守護神としてプレーし、2013年にトップチームに昇格を果たす。2017年にJリーグベストイレブンを受賞するなど、チームの若き守護神として君臨する。中学時代から世代別代表にも選ばれ、2011FIFA U-17ワールドカップ、2016リオデジャネイロ五輪などに出場。A代表でも、今後注目のゴールキーパー。

［プロサッカー選手になるまでの軌跡］

［小学校時代］コアラサッカークラブ
柏レイソルU-12
［中学校時代］柏レイソルU-15
［高校時代］柏レイソルU-18

２０１７年５月６日に行われたＪ１第10節・柏レイソル対セレッソ大阪戦。１万４０００人超の大観衆、そして日本代表のヴァイッド・ハリルホジッチ前監督が見守る日立台でひと際、目を引いたのが、柏の若き守護神・中村航輔の一挙手一投足だった。前半からたびたびセレッソ攻撃陣に攻め込まれながらも、最後の砦としてゴール前に君臨。再三のシュートチャンスを鋭い反応で止め続けたのだ。

圧巻だったのが、1−0で迎えた後半ロスタイム、清武弘嗣の強烈シュートを左手1本で弾いた場面である。

杉本健勇が体を張って落としたところに、ドイツ・スペインで実績を残したテクニシャンが飛び込んで右足を降り抜いた瞬間、背番号23をつける中村はボールの飛んでくるコースを読み切った。

そして迷うことなく左手を伸ばしてセーブ。この値千金のプレーが柏に貴重な勝ち点3をもたらし、その後の快進撃につながった。

柏U−12からU−15にかけて直々に指導した井上敬太コーチ（現U−18GKコーチ）は「あの場面はシュートがDFに当たってほんの少しだけコースが変わったんですが、普通のGKならその瞬間に体が流れてしまいます。だけど航輔は一瞬止まって反応する判断力がある。シュートを止めるための最適な答えを瞬時に導き出せるのが彼の強みなんです」と新世代の守護神の非凡な才能を分析していた。

「2017年シーズンは航輔のおかげで勝てた試合がいくつかありましたが、あのセレッソ戦もその1つ。清武選手の決定機シュートを防いだシーンはその象徴だと思います」と下平隆宏監督も言うように、柏、そして日本サッカー界における彼の存在価値は

航輔は一瞬止まって反応する判断力がある。
シュートを止めるための最適な答えを
瞬時に導き出せるのが彼の強みなんです
（井上敬太コーチ）

PHOTOS:Kenzaburo Matsuoka

中村 航輔 KOSUKE NAKAMURA

日に日に高まっている。

２０１７年12月のＥＡＦＦ Ｅ－１サッカー選手権２０１７決勝大会（東アジアカップ）の初戦・北朝鮮戦で待望の国際Ａマッチデビューを飾り、「近未来の代表正ＧＫ」と期待が高まっている中村航輔。その原点と成長過程を辿ってみたい。

カーンに魅了された少年時代

江戸時代に八代将軍・徳川吉宗が桜を植え整備した飛鳥山公園があり、19世紀には日本初の洋紙会社・王子製紙が創業するなど、東京北部の工業地域として発展を遂げてきた王子。この地で１９９５年２月に誕生し、成長したのが中村航輔だ。

奇しくも、柏が待望のＪ１昇格を果たし、現在の日立柏サッカー場が完成したのもちょうどこの年。未来の守護神は目に見えない運命に手繰り寄せられ、黄色のユニフォームを身にまとうことになるのだ。

両親に３つ上の姉という家族構成の中、航輔少年は愛情を注がれて育った。「航がわたる、輔が２番目という意味を込めて両親が命名したと聞いています。呼びやすくて、いい名前ですね」と本人も言う。逞しく成長してほしいという家族の願い通り、彼は外に出て遊び回る活発な幼少期を過ごした。

本格的にサッカーを始めたのは、小学校1年の時。東京北区で熱心に活動している町クラブ・コアラサッカークラブ（ＳＣ、現ヴィルトゥスサッカークラブ）に入ったのがキャリアのスタートだ。

「僕が『サッカーをやりたい』と言ったら、親が探してきた近くのチームがコアラＳＣでした。王子近辺の子どもが集まっていて、1学年10人、全体で50人くらい。週3回練習していました。指導もきちんとしていて、ドリブルやパスといった基本とゲーム中心の練習をしていたと思います」と彼は小学5年まで過ごしたチームの活動内容を説明する。

ポジションは当時からＧＫだった。

航輔少年がコアラＳＣに通い始めたのは、２００２年ワールドカップ日韓共催大会で日本中が大いに盛り上がっていた頃。

優勝したブラジルのロナウド、リバウド、ロナウジーニョの「３Ｒ」、イングランドの貴公子、デビッド・ベッカムも人気を博したが、準優勝したドイツのオリバー・カーンも一世を風靡した。独特のオーラを漂わせる勇敢な守護神に航輔少年は魅了され、GKへの思い入れを強めたという。

「2002年の決勝もテレビで見ましたけど、カーン選手は男の子が憧れるかっこよさを持っていたのかなと。優勝したブラジル以上にインパクトが大きかったような気がしました。僕自身もシュートを止めることを楽しんでいたし、その魅力にはまった感じです」と、彼はいう。

カーンに憧れ、うまくなろうと日々の練習に取り組んでいた航輔少年は、コアラSCの活動だけに飽き足らず、小5からは柏のスクールにも通い始めた。

「学校の同級生も行っていたし、王子なら他のJクラブより柏が近いから」というのが理由だった。

そこで彼の潜在能力の高さを見抜いたのが、スクールのサポートに来ていた柏ラッセルスポーツクラブの藤川豊彦代表だ。

「この子はそんなに大きくないけど、やたらにシュートを止める」という話を聞きつけ、柏U－12の酒井直樹監督（現日本体育大学柏高校監督）も強い興味を抱くようになったようだ。

「週2回くらいスクールに来ていた航輔は『コアラ顔』と言われていた（笑）。それを懐かしく思い出します。藤川さんから情報を聞いて、セレクションを受けてもらうことになり、僕もその過程に携わりましたけど、200人以上受けに来て合格したのは彼1人。それだけ光るものがあったのは確かです」

セレクション前には父が自主トレにつきあってくれた。ラグビーをやっていた父はコアラSCの試合前、あるいは日曜日の早朝に黙々とボールを蹴り、息子のGK練習の相手になった。家族の努力もあり、航輔少年は柏のアカデミーの一員になれたのだ。

「ここからが頑張りどころだな」

父から言われた一言を胸に秘め、小6になった航輔少年は王子から柏まで片道約1時間半の距離を週5回、黙々と通うようになった。

当時の柏U-12には、同じタイミングでプロになった秋野央樹（湘南ベルマーレ）、木村裕（V・ファーレン長崎）らがいて、非常にレベルが高かった。

航輔少年はいきなりダノンネーションズカップ国内予選で優勝し、夏の全日本少年サッカー大会も準々決勝まで勝ち上がるなど、コアラSC時代には体験したことのない世界に足を踏み入れることになった。

中村 航輔 KOSUKE NAKAMURA

PHOTOS:Masahiro Ura

ダノンカップ世界大会の経験は、対戦相手はどこも強く異国の環境を知るいい機会になった

同じ2006年秋にはダノンカップ世界大会にも出場。フランスのリヨンへ赴き、強豪クラブのジュニアと対戦するという貴重な経験をした。

「何もかもが初めての海外遠征なんで、町がどうだったとか、どこに見学に行ったとかは全く覚えてないけど、対戦相手はみんなすごいうまくて強かったですね。異国の環境を知るいい機会になったと思います」と柏入りした時点でプロを本気で目指し始めた小6の少年は、世界の凄さを思い知ったようだ。

そうなると、当然のごとく、練習にもより一層、熱が入る。毎週木曜日は全体練習の後、自主練をするのが恒例となった。

その様子を酒井監督が述懐する。

「今は人工芝のフットサル場になっている日立台の練習場の奥に土のグランドがあって、練習ゲームをした後、航輔が毎回のように『シュートを打ってください』と言ってきて一緒にやった覚えがあります。まだ子どもだったんで、僕も少し手を緩めてはいましたけど、サッカーへの情熱と向上心は凄まじいものがあった。僕とも目に見えない信頼関係が生まれていたと思います。航輔と仲のよかった木村もよくシュートを蹴らされていて、『もっとちゃんと蹴れ』とハッパを掛けられていましね。あの真面目さはプロになった複数の教え子の中でも群を抜いていました」

U－12時代は同学年にＧＫがおらず、全体練習中から井上敬太コーチにマン・ツー・マンで指導を受けていた。それは航輔少年にとって大きくプラスに働いた。

「ＧＫ練習をやっていても、気がつけば真っ向勝負になっていて、僕も本気になっていましたね。『シュートを受けるのがここまで好きな子がいるのか』と思うほど、航輔は一生懸命でした。カーンとか世界的ＧＫの映像を一緒に見て説明したりもしましたが、そういう時も真剣に食いついてきた。『うまくなるためには何でもします』という姿勢は当時から変わっていません。ああいう選手が日の丸をつけるＧＫになるのかとみんな納得していると思います」と井上コーチはサッカーへの貪欲さを前面に押し出した教え子のことを懐かしそうに振り返っていた。

小6時点では１５０㎝台と決して大柄ではなかった航輔少年だが、持ち前の負けん気とＧＫへの執着心を前面に押し出し、順調に成長。２００７年春にはU－15に昇格し、より高いレベルを目指した。

勝負への責任と周囲への感謝を忘れない

柏U－15時代も小学校時代同様、地元・王子の中学校に通いながら、柏まで電車で往復する生活を送った。

練習スタートが遅いため、帰宅が深夜11時近くになることも多かったが、柏の場合は練習後に夕食を摂れる環境が整っていて、中村自身もありがたく感じていたようだ。同級生には練習後、保護者が迎えに来て、車で帰宅する選手も少なくなかったが、彼は人に頼ることなく、つねに自力で乗り切った。

「自立心は人一倍あった」と中学卒業まで引き続き指導した酒井監督、井上ＧＫコーチは口をそろえている。

周囲に比べて成長が遅く、現在の１８０㎝台になったのは高校生になってから。中学時代は身体の面でやや苦労したようだが、「シュートを止められるようになりたいと思って、いろいろトライしました。ＧＫは責任の重いポジション。シュートを取れなかった時、どうすれば取れるようになるのかを考えることはよくしましたね」と中村はスト

中村 航輔 KOSUKE NAKAMURA

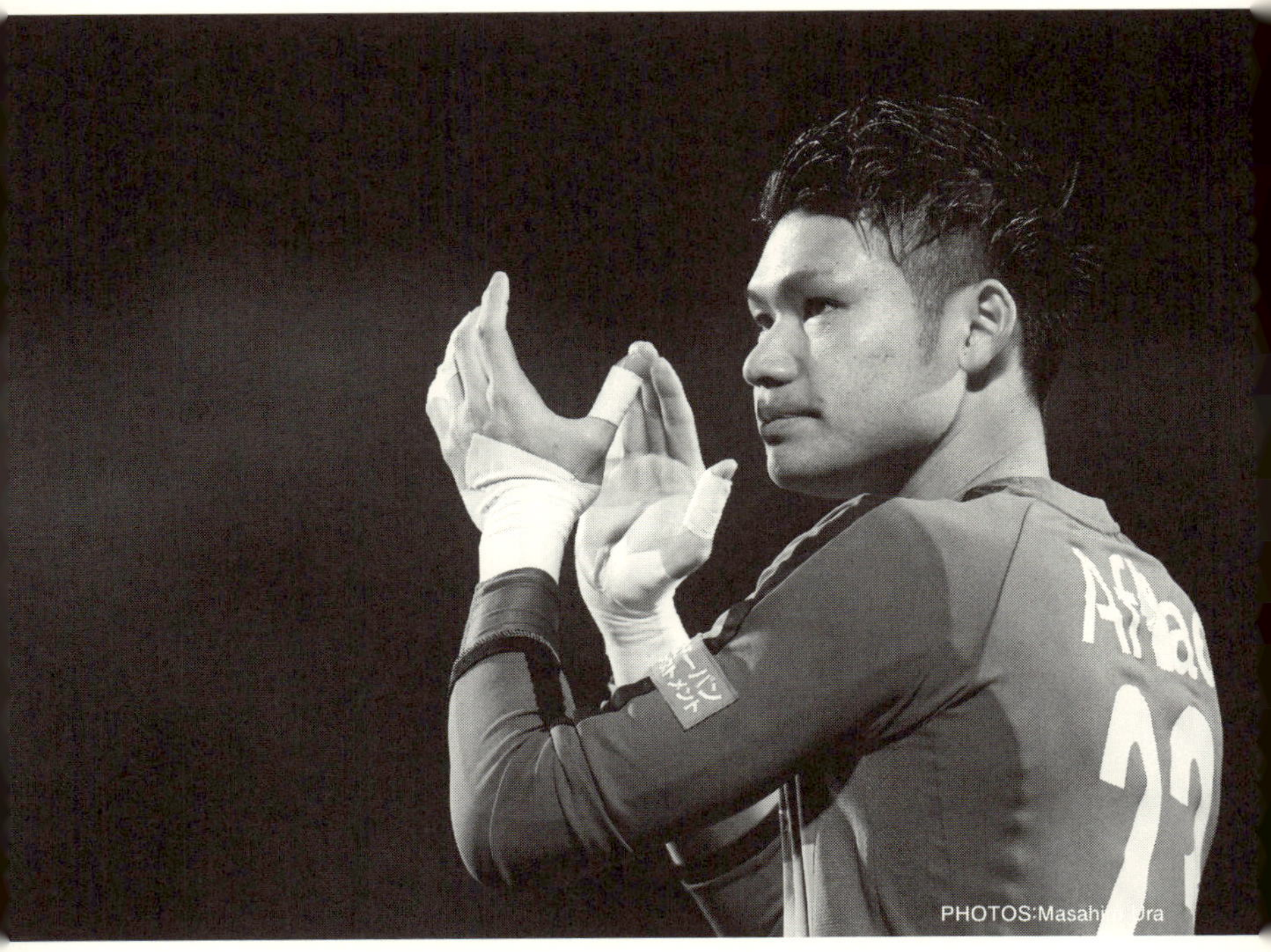

サッカーの敗戦の多くの責任は
GKにある。
責任が重いからこそ、
それを乗り切った時に得るものは大きい

イックな一面を明かす。

そんな彼にとって忘れられないのが、中3だった2009年12月27日、東京・西が丘サッカー場で行われた高円宮杯全日本ユース（U－15）選手権の準決勝・ヴィッセル神戸戦だ。

岩波拓也（浦和レッズ）がキャプテンマークを巻き、前田凌佑（大分トリニータ）らタレントを擁する強敵相手に、柏U－15は秋野、木村、中川寛斗、小林祐介（湘南ベルマーレ）に中村といった豪華メンバーで応戦した。

柏は開始1分に失点するも、7分後に同点に追いつき、一進一退の攻防が続いた。自陣ゴールに立ちはだかる守護神は神戸のカウンターを何度も止め、最後尾からチーム全体を鼓舞し続けたが、前線が決定力不足にあえぎ、1－1のまま延長戦へともつれこんだ。その直後、立て続けに2点を奪われる。

このうち1つは中村が最も得意としている1対1。そこで股間を抜かれるという悔やんでも悔やみきれない失点だった。

結局、試合は1－3で終了。まさかの苦杯に、中村は人目をはばからずに号泣した。

「僕は吉田達磨監督（前ヴァンフォーレ甲府監督）の後ろでサポートコーチを務めてい

中村 航輔 KOSUKE NAKAMURA

ましたが、航輔は未然に防げたゴールを与えたことにショックを大きな受けていた。GKというのはピンチを未然に防ぐのが最大の仕事だということを再認識したのではないかと思いますね」と酒井監督が言えば、井上コーチも「あの負けは僕にとっても一番、悔しい思い出です。僕はあの年で柏をいったん離れ、大宮アルディージャに行くことが決まっていたので、彼らと一緒に優勝して終わりたかった。航輔の悔しさが手に取るように分かりました」としみじみ語る。

「僕自身は全力を尽くしましたし、あの時は自分を責める気にはなれなかった。だけど、サッカーの敗戦の多くの責任はGKにある。そのことを改めて痛感しました。責任が重いからこそ、それを乗り切った時に得るものは大きい。GKはつらいことが多いですけど、自分のサッカー人生がよくなるかどうかは自分次第。そう思って前向きに頑張ろうと思ったんです」と中村も神妙な面持ちで話す。

中3最後の悔しさをバネに、U－18時代はさらに上のレベルを追い求めた。クラブと提携している日体大柏高校に通いながら、柏でプロを視野に入れてプレーするのは彼自身も大変だが、保護者の経済的負担も非常に大きい。

中村の4つ先輩に当たる工藤壮人（サンフレッチェ広島）も全く同じ高校時代を過ご

PHOTOS:Kenzaburo Matsuoka

代表のゴールマウスを
守りたい気持ちはもちろんある。
だからこそ、週末の毎試合毎試合で
結果を出し続けることが大事

中村 航輔 KOSUKE NAKAMURA

し、月に10万円以上の費用負担があったと両親が話していた。それだけのサポートを受けたのだから、生真面目な中村は「絶対にプロになって恩返ししたい」と心に誓っていたに違いない。

「航輔は本当に真面目で芯が強くブレずにサッカーに取り組んでいました。高3だった2012年夏の日本クラブユース選手権では、大会初戦の前日に右腕を骨折して試合に出られなくなり、優勝してくれた仲間よりも大泣きした。そういう純粋さを持っている男です。

U－18の最後に選手と保護者、スタッフが一堂に会して食事した時も、『親御さんに感謝の気持ちを伝えよう』と僕が言い出し、航輔が口火を切ったところ、『自分のためにずっとお弁当を作ってくれて、経済的にも支えてくれた両親に感謝したい』と泣き出した。誰よりも親の苦労をよく理解していたんだと痛感しました」と柏U－18時代からトップに至る現在まで指導を続ける下平監督は、教え子の思いを代弁していた。

支えてくれる周囲のために、自分自身のために、凄まじいモチベーションを持ってサッカーに邁進した彼は、高2の時にU－17日本代表に選ばれ、2011年U－17ワールドカップ（メキシコ）に参戦するチャンスも得た。

日の丸を背負って挑んだ初のＦＩＦＡ主催国際大会で、中村は5試合中４試合で正守護神としてゴールマウスを守り、ベスト8進出の原動力となった。

「だけど、準々決勝でブラジルに2−3で負けたことが一番印象に残っています。ブラジルには壁を感じたし、飛んでくるボールの質を含めて全てが違った。吉武（博文＝現ＦＣ今治）監督からもＣＫに対する指示は出ていたけど、分かっていても止められなかった。個人能力の高さを感じました」と、中村は小6で赴いたリヨンの時をはるかに超える衝撃を受けたようだ。

世界トップレベルを身を持って体感した以上、自ら努力してその領域に達するしかない。２０１３年にトップ昇格を果たし、プロ3年目の２０１５年にレンタル移籍したアビスパ福岡でＪリーグデビューを果たしてからは、とんとん拍子に階段を駆け上がってきた。

年代別代表では、Ｕ−19代表時代こそ２０１４年ＡＦＣ・Ｕ−19選手権（ミャンマー）の準々決勝で北朝鮮にＰＫ負けを喫してアジアの壁に阻まれたものの、２０１６年リオデジャネイロオリンピックには参戦。「近未来の日本代表を担う男」として高い評価を得た。

そして、プロ5年目の2017年。冒頭のセレッソ戦のような圧巻のパフォーマンスを披露するゲームが増え、レイソルの絶対的守護神に君臨。ついにA代表まで上り詰めるに至った。

デビュー戦となった同年末のE－1選手権・北朝鮮戦で、中村はスーパーセーブを連発。日本の苦境を救うと同時に、1－0の勝利の原動力となる。最終ラインに入った谷口彰悟（川崎フロンターレ）も「正直、チームとしてもそんなによかったけど、航輔に助けられた部分はかなりある」と素直に感謝の意を口にしたほどだ。この大会はラストの韓国戦で大量4失点を食らい、中村自身も不完全燃焼に終わったものの、翌2018年3月のマリ戦（リエージュ）でも先輩・東口順昭（ガンバ大阪）を横目にスタメン出場のチャンスを得た。その後、指揮官交代という予期せぬ出来事が起きたものの、ロシアワールドカップ本大会を目前に控えた今、川島永嗣（メス）に次ぐ第2守護神の座をつかんでいるのは間違いなさそうだ。

「日本代表の正守護神になる」

子どもの頃から長年、抱き続けてきた大きな夢まであと一歩のところまで来ている。それは紛れもない事実である。

「代表のゴールマウスを守りたい気持ちはもちろん持っています。自分としても、何とかあの場所にぜひとも立ちたい。だからこそ、週末の毎試合毎試合で結果を出し続けることが大事。そうすれば、必ずいいサッカー人生になると信じています」

そう語気を強める中村航輔がこれまで憧れてきたのは、カーン、川口能活（SC相模原）、ダビド・デ・ヘア（マンチェスター・ユナイテッド）。これでもかという数のシュートを止めまくり、それぞれのチームや代表を救ってきた名守護神ばかりだ。

偉大なGKたちの一挙手一投足を脳裏に描きつつ、理想像に近づく努力を続けていくこと。若く可能性のある彼にそういう作業が強く求められている。

「航輔はいいGKだと思う」と前向きにコメントしている川島を超え、世界とも互角に対峙できるような存在感と安定感を身に着けるべく、ストイックな男にはこの先も自己研鑽を続けていってもらいたい。

PHOTOS:Masahiro Ura

大学で才能を開花させた
遅咲きのスピードスターは
プロでも進化し続ける

伊東 純也 いとう・じゅんや

［FW／柏レイソル］

SOCCER BOYS 4　CASE 4

JUNYA ITO
PROFILE

1993年3月9日生まれ。小学校1年生の時に横須賀鴨居SCでサッカーを始める。中学時代は横須賀シーガルズ、高校時代は逗葉高校でプレー。その後、神奈川大学に進み、大学3年時には関東大学サッカー2部リーグで得点王とベストイレブンを受賞する。翌シーズンもアシスト王に輝き、2014年9月ヴァンフォーレ甲府への加入が決定する。プロ1年目からリーグ戦30試合に出場する活躍を見せ、2年目にはJ1・柏レイソルへ完全移籍。その後、レイソルでの活躍が認められ、2017年には日本代表初招集。圧倒的なスピードを武器にゴールチャンスを演出するサイドアタッカー。

[プロサッカー選手になるまでの軌跡]

[小学校時代]横須賀鴨居サッカークラブ
[中学校時代]横須賀シーガルズ
[高校時代]逗葉高校
[大学時代]神奈川大学

極寒の東京・味の素スタジアムで行われた2017年12月のEAFF E－1サッカー選手権2017決勝大会（東アジアカップ）。9日の初戦・北朝鮮戦で後半11分から出場し、満を持して代表デビューを飾った右FW伊東純也は持ち前のスピードで重苦しいムードに包まれていた日本代表攻撃陣を活性化。いきなり強烈なインパクトを残すことに成功した。

伊東 純也 JUNYA ITO

続く12日の中国戦ではスタメンを奪取。

序盤から異彩を放ったが、競り合いの際に右太ももを打撲し、途中交代を強いられた。それでも本人は「次も行けると思います」と強気の姿勢を前面に押し出し、17日のラスト・韓国戦に連続先発出場を果たす。

この一戦では開始早々の2分には、思い切りのいい仕掛けからペナルティエリア内でチャン・ヒョンス（FC東京）のファイルを誘いPKをゲット。小林悠の先制点につなげるという大仕事もやってのけたのだ。しかしながら、そこから日本は韓国のパワーに劣勢を強いられ、まさかの4失点。伊東自身もキム・シンウク（全北現代）の同点弾につながるクロスを上げさせてしまうという悔しいミスに直面した。

「入りはよかったけど、自分たちのペースで戦えなかった。ホントに悔しいですね。でも僕自身はもっとできると思うし、やれる自信もある。ワールドカップになったら、もっと相手も強いし、守備も攻撃でもクオリティを上げないといけない」と25歳の快足アタッカーは敗戦を糧に未来を見据えていた。

その言葉通り、2018年に入ってからの伊東の勢いは凄まじいものがある。

同年最初の公式戦だった1月末のアジアチャンピオンズリーグ（ACL）プレーオ

フ・ムアントン戦で2発を叩き出すという最高のスタートを切り、J1でも3月30日のヴィッセル神戸戦での2ゴールなど目に見える結果を残し続けている。

希代のスピードスターの破壊力は高まる一方だ。

「ACLは惜しくも1次リーグで敗退してしまいましたが、2018年はJ1で優勝して、個人的にも代表に入りたい」と本人も強い意気込みを前面に押し出し続けている。

今やJの看板選手の1人に躍り出たと言っても過言ではない旬の男だが、10代の頃までは全くの無名だった。

ボールを触ることを心底、楽しみ、絶対的な武器であるドリブルを磨き続けた地道な日々が、現在の彼を支えている。

負けず嫌いな生粋のドリブラー

伊東純也が神奈川県横須賀市で誕生したのは93年3月。Jリーグ発足を2ケ月後に控え、日本中が空前のサッカー人気で盛り上がっていた頃だ。父・利也さん、母・由香さんにとって待望の長男。男の子の場合は由香さんが名づけ役になるという約束があり、

伊東 純也 JUNYA ITO

実は私も高校時代はウイングをやっていました。
純也みたいなドリブラーではなく、
相手の背後に飛び出すタイプでしたけどね
（父・利也さん）

PHOTOS:Kenzaburo Matsuoka

『純』という響きが気に入ったのと、お父さんから『也』の一字を取って『純也』にしました」と母は嬉しそうに言う。

2年後に次男・賢吾さん、6年後に三男・幸輝さんが誕生し、3兄弟は仲良く育った。「3人でよく遊びました。あまりケンカをした記憶はないです」と伊東本人も笑顔を見せる。

「家の中にはボールがたくさんころがっていて、廊下で突然1対1が始まったりするのは日常茶飯事でした。蹴ったボールが天井や壁に当たって壁紙が剥がれ落ちてきたこともあったかな」と父も笑顔をのぞかせた。

和気あいあいとした環境で成長した純也少年が本格的にサッカーを始めたのは、小原台小学校1年の冬。

同じ団地の4つ上の幼馴染みが横須賀鴨居《かもい》サッカークラブ（鴨居SC）に入っていたことに加え、同級生のサッカー仲間も続々とここでプレーし始めたことから、自分も通うようになったのだ。

85年発足の鴨居SCは谷口博之（サガン鳥栖）らを輩出した地域密着型の町クラブで、現在は90人が活動している。

原田康臣代表を筆頭に指導者は基本的に父兄。父・利也さんも純也少年の入会と同時に指導を始めた。サッカー経験者だったこともあり、徐々にクラブの力強い戦力となっていった。

「実は私も高校時代はウイングをやっていたんです。純也みたいなドリブラーではなく、相手の背後に飛び出すタイプで、息子とは全然違いましたけどね」と笑う父だが、サッカーへの情熱は非常に強く、3兄弟が巣立った今も地元の少年たちにサッカーを教え続けている。

「親父とは家ではあまり喋らなかったけど、サッカーになると怖かったですね」と伊東は述懐しているが、親子のピッチ上でのコミュニケーションは密だった。

「純也が少年だった頃、練習の中で特に強調したのは、ボールを追うことと走ること。純也には『やる気のスイッチ』があって、やるべきことをきちんとやっていない時には怒りました。ただ、私からうるさく言うのではなく、他のコーチから話してもらうような配慮はしましたね。鴨居SCは他の子どもたちも技術的にしっかりしていたし、指導者の方も一生懸命だった。純也は環境に恵まれたと思います」と父も振り返る。

原田代表も「純也はマイペースなタイプで、選手全員がベンチ前で体育座りをしながら監督の指示を聞いている時も、なぜか1人だけ監督と同じベンチに座ったままだったことがあった。本人は全く意識してなかったんでしょうけど、まさに天然。そこが彼のよさなんです」と笑っていた。

そんなキャラクターを周囲の大人が認め、ガミガミ怒ったりしなかったのは、彼自身にプラスに働いたことだろう。

母・由香さんも当時からソフトボールを続けているスポーツウーマン。鴨居SCの練習場所の隣のグランドで自身のプレーに勤しんでいることが多かった。

このため、息子たちを過保護にしている余裕はない。それが逆に子どもたちにはよかったようだ。

「私は息子たちが自由に伸び伸びとやってくれればそれでいいと考えていました。長男の純也は野菜嫌いという問題を抱えていましたけど、何でも細かく切ってハンバーグや煮込み料理に入れれば食べていたので、食事の面もあまり神経質にならずに普通に対応していました」と母は何事もおおらかな気持ちで見守り続けていた。

温かく見守ってくれる家族や大人に囲まれ、純也少年は思い切りボールと触れ合う日々を過ごすことができたのだ。

伊東 純也 JUNYA ITO

「鴨居ＳＣの活動は週末だけなんで、平日は仲間や弟と一緒に学校の校庭や公園で毎日、何時間もサッカーしていました。自分はドリブルばっかりしていた。ゴールするよりドリブルで相手を抜くのが一番楽しかった。僕は好きなことへの集中力がすごくて、ポケモンとかゲームも極めてたくらいですから」と伊東は笑みをのぞかせた。

「純也は本当に1対1が好きでしたね、弟たち相手に自分で考えたフェイントでかわしたり、意外なプレーを見せたりと、いろんなアイディアを試している姿をよく見ました。弟たちはいい練習相手だったんでしょうね」と父・利也さんも懐かしそうに語っていた。

こうやって遊び感覚で磨いたドリブル技術は非凡だった。原田代表もこんなエピソードを明かす。

「小6のある時、純也ともう1人の少年を呼んで、下級生にドリブルの見本を見せてもらったんです。もう1人の子は普通にイン・アウトを繰り返す教科書的なプレーをしたのに、純也の方は想像できないような素早く華麗な動きを披露したんで、こっちは目が点になりました。『もう1回やってくれ』と頼むと『同じことはできない』と言う。本人は理屈じゃなく感覚でやっていたんでしょう。

彼のドリブルは単に速いだけじゃなくて、フェイクを入れてくるのが大きな特徴。

PHOTOS:Masahiro Ura

自分はドリブルばっかりしていた。
ゴールするよりドリブルで
相手を抜くのが一番楽しかった

伊東 純也 JUNYA ITO

足首もヒザも柔らかいし、上体を揺らしながら動けるから、相手をかく乱できる。当時から今と同じ右サイドをやっていましたけど、そこから一気に持ち上がってチャンスを作っていた。それがチームの大きな武器になっていましたね」

当時の鴨居SCは、彼らの1つ上と2つ上の学年がいなかったため、純也少年は小4から試合に出て、自身の特徴や長所を実戦で存分に試すことができた。そのメリットは非常に大きかった。

小学生というのはご存知の通り、1歳違うだけで身体的な差は凄まじい。純也少年が大柄な年長の子どもに倒されたり、ボールを奪われたりするのは日常茶飯事。コテンパンにやられて涙を流すことも少なくなかった。「自分は負けるのが大嫌い」と認める通り、悔しさが次への活力になっていたようだ。

小6になると横須賀市トレセンに選ばれ、小野裕二（サガン鳥栖）とプレーする機会も得た。横浜F・マリノスユース在籍中にトップデビューを果たし、ベルギーでもプレーした小柄なテクニシャンは当時から頭抜けた存在だった。

父・利也さんも「彼はその時点で別格でした」と認めていたが、純也少年はいかにも負けん気の強い子どもらしく、ひそかにライバル意識を燃やしていた。

その小野と一緒に横浜F・マリノスジュニアユース追浜へ進む可能性が浮上したのは、小6の秋。「プロになるんだ」と本気で思い始めていた純也少年に願ってもないチャンスだった。3次試験までは免除され、4次試験にチャレンジ。本人は大きな手ごたえを感じたようだ。

しかし、結果は、まさかの不合格……。

「ゲーム形式をやって、自分なりには結構よかったかなと思ったけど、普通にダメでした。当時の僕は身長150cmもないくらいで、並び順も前から2～3番目だった。高校生になるまではずっと小さかった。そのことも影響したかもしれません。もちろん裕二は合格した。正直、落ち込みましたけど、周りに対してはそうじゃないフリをしてました。『別に行きたくなかったけど、受けてくれって言われたから受けただけ』というくらいの強がりは言ってたんじゃないかな」と伊東は14年前の胸中を改めて吐露した。

必死に前を向く純也少年を傍らで見守りつつ、両親は「自分の人生は自分で決めればいい」と楽観的に考えていた。本人が「地元の横須賀シーガルズへ行く」と言い出した時も黙って受け止めた。

「純也は発熱で学校を休んでもサッカーの練習だけは休まない子。好きなサッカーを続

伊東 純也 JUNYA ITO

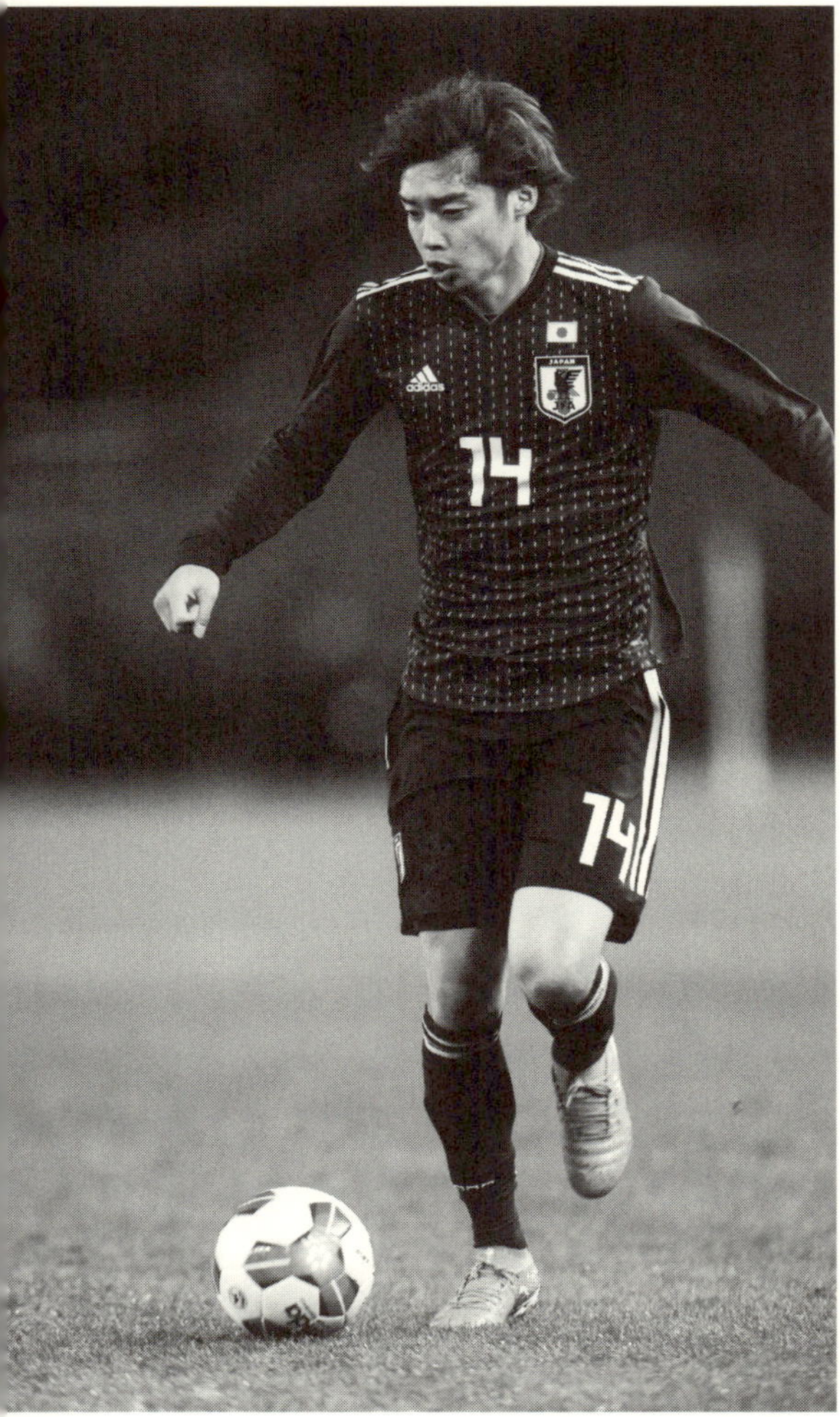

（セレクションの不合格で）
正直、落ち込みましたけど、
周りに対してはそうじゃないフリをしてました（笑）

PHOTOS:Kenzaburo Matsuoka

けて、人に迷惑をかけないように成長してくれればそれでよかった」と父・利也さんもしみじみ話す。何も言わずに見守ってくれる家族の優しさと温かさが心に響いたのか、すぐに本来の明るさを取り戻した彼は2005年春、鴨居中学校に進学。同時に横須賀シーガルズに入った。

マイペースな努力が20代で花開く

横須賀シーガルズは石川直宏（FC東京クラブコミュニケーター）を輩出したことで知られる神奈川県の強豪クラブ。小6の冬にセレクションを受けに来た純也少年の一挙手一投足を目の当たりにした徳能克也監督（現横三FC代表）は「面白い子がいるな」と直感したという。

「当時の純也は150cm足らずなのに、すばしこくてスピードが光っていた。『小柄なサッカー小僧』という言葉がピッタリで、僕の琴線に触れましたね」

セレクションに合格し、中1から本格的にシーガルズの一員になった伊東は、同期約20人の中で5番手以内に入る選手だった。

伊東 純也 JUNYA ITO

徳能監督にも認められ、1学年上の練習や試合に参加するケースも増えていった。ポジションは鴨居SC時代と同じ右サイド。小さいながらもスピードで持ち込むスタイルは変わらなかった。

「純也の代は中3の高円宮杯全日本ユース選手権（U－15）と日本クラブユース選手権の両方で関東大会に勝ち進んでいます。クラブユースの関東2回戦では、高木善朗（アルビレックス新潟）のいた東京ヴェルディに大敗したけど、彼が一矢報いるゴールを決めたことは印象に残っています。

でも、大舞台で点を取ったのはその時くらいで、当時の純也はよくシュートを外していた（苦笑）。1対1でかわすところまでは抜群なのに、どうしても肝心なゴールを決められない。『また外した』『お前のせいで負けた』と周りから言われていましたね。本人はドリブルで相手をかわすことが最優先だったんでしょう。

得点の重要性に気づいたのは、神奈川大学に行ってからじゃないかな。大学3年で関東大学リーグ2部で得点王を取った後、本人が『やっと点の取り方が分かりました』と話していたことがありましたから」

こうした徳能監督の指摘は、伊東自身も認めるところだろう。右サイドを担った小中時代、トップ下やFWにも入った逗葉高校時代ともに「自分はストライカータイプじゃなかった」と言う。

「親父の遺伝で足が速かったんで、それを生かしつつ、ドリブルに磨きをかけることを僕は第一に考えていました。高校の頃は朝から自主練をして、午後練の後も仲間と1対1とかを夜8～9時までやるのが常だった。『1試合で1回もボールを取られないくらいのレベルを目指そう』『もっとチャンスを作れるようもなりたい』と思って日々、取り組んでいました。今もレイソルの練習後に（中山）雄太と1対1をメッチャやってますけど、ドリブルはホント大好きですね」と彼は最大の武器を研ぎ澄ませることに10代の多くの時間を費やしたことを明かす。

「プラチナ世代」と称される92年度生まれの同い年には、小野裕二だけでなく、宇佐美貴史、宮市亮のように、いち早く頭角を現したスター選手も少なくなかったが、伊東は「そういう人たちのことは全く知らなかった」と気にも留めていなかった。

小野とも距離は離れたが、小学生の頃のようにひそかなライバル意識を抱くこともなかったという。彼はマイペースを貫き、自分の好きなサッカーとじっくり向き合っていたのである。

伊東純也 JUNYA ITO

その成果が神奈川大に進んでから一気に出る。

「家から通えて、推薦で入れる関東1部（当時）のチーム」という理由で進んだ同大で1年から試合に出始め、2年に大学選抜入りしたあたりから「もしかしたらプロになれるかもしれない」と思い始めたという。

「大学に入ったら、周りは選手権に出た強豪高や名門校のエースやJクラブ出身者ばっかり。そこで意外にもできちゃった（笑）。僕はずっとごく普通の環境にいたんで、自分の力がよく分からなかったけど、『やれる』と分かって自信がつきました。

大学ではFWをやる機会も多くて、『次は何をしようか』とあれこれ考えながらプレーするようにもなり、ゴールという結果もついてきた。やっぱり大事なのは、最初から『できない』と思わないこと。やってみたらできるかもしれない。僕の場合はそうでしたね」と伊東は何事も可能性がゼロではないことを改めて強調していた。

前述の通り、大学3年だった2013年の関東大学リーグ2部で得点王とベストイレブンをダブル受賞し、4年の時にもアシスト王とベストイレブンを続けて手にしたことで、彼はJクラブからも注目される存在になった。

ヴァンフォーレ甲府とモンテディオ山形からオファーを受け、最終的に甲府を選択。

PHOTOS:Kenzaburo Matsuoka

僕はずっとごく普通の
環境にいたんで、
自分の力がよく分からなかったけど、
「(大学でも)やれる」と
分かって自信がついた

伊東 純也 JUNYA ITO

２０１５年春に子どもの頃からの夢だったプロサッカー選手の一歩を踏み出すことになった。

甲府では即戦力の期待を背負い、開幕2戦目の名古屋グランパス戦でＪ１デビュー。瞬く間に右サイドの定位置を手にし、スピードスターとして名を馳せることになった。翌２０１６年には柏レイソルへ移籍。

ミルトン・メンデス監督が率いていたシーズン当初は右サイドバックで起用されたが、下平隆宏監督就任後は再び右サイドアタッカーとして重用され、U－23日本代表候補、A代表入りと爆発的な成長曲線を描くことになった。

中学高校時代はプロとはかけ離れた遠い場所にいたものの、ボールを蹴ることに喜びを覚え、前向きに時を過ごすことを忘れなかった伊東純也。人知れずサッカーに打ち込んだひたむきな時間を送ったからこそ、20代になって大きくブレイクできたのだろう。

「伸びる時期は人それぞれ」

昨今の日本サッカー界ではようやくそういう常識が定着してきたが、彼は遅咲きの好例だろう。「ゴールデンエージのうちにスキルを完璧にして、Ｊリーグのアカデミーに進み、年代別代表を経て、トップデビューを果たす」という模範的なルートだけがサッカー選手の成功の道のりではないことを、伊東純也は改めて多くの人々に示してくれている。

「純也が出たE―1選手権を味の素スタジアムで見た時、足元の技術や相手との駆け引きがうまくなったと感じました。自分の特徴を出す術を彼なりに体得したんだなと嬉しくなりました。もしもワールドカップのような大舞台に行くチャンスがあるのなら、ぜひともそれをつかんでほしい。鴨居SCの指導者の人たちも子どもたちも、みんなが応援していることを忘れずに頑張ってほしいですね」

父・利也さんのエールをまだまだ成長途上にいる息子はしっかりと受け止めるはず。抜群のスピードと局面打開力を誇る男のさらなる進化が大いに楽しみだ。

PHOTOS : Getty Images

いつもサッカーを“楽しむ”ことを
忘れない少年は世界の大舞台でも
活躍できる選手へと成長する

中島翔哉 なかじま・しょうや

[FW／ポルティモネンセ]

SOCCER BOYS 4　CASE 5

SHOYA NAKAJIMA
PROFILE

1994年8月23日、東京都生まれ。小学5年生時に松が谷フットボールクラブから東京ヴェルディジュニアに加入する。その後、ジュニアユース、ユースと昇格。2011年にはクラブユース選手権で連覇を果たし、自身もベストヤング賞プレーヤーに選出された。同年にはU-17日本代表に選出されU-17ワールドカップに出場した。12年に2種登録選手に登録され、9月にトップチーム初出場を果たすと、10月にはプロ契約締結が発表された。2014年にFC東京へ完全移籍。2017年からはプリメイラ・リーガ（ポルトガル１部）のポルティモネンセに渡り、アタッカーとして活躍している。

［プロサッカー選手になるまでの軌跡］

［小学校時代］松が谷フットボールクラブ
東京ヴェルディジュニア
[中学校時代] 東京ヴェルディジュニアユース
[高校時代] 東京ヴェルディユース

２０１８年ロシアワールドカップの日本代表メンバー発表前最後のテストマッチとなった３月のマリ・ウクライナ戦（リエージュ）。結果的にヴァイッド・ハリルホジッチ前監督体制最後の活動となった２連戦で大きなインパクトを残したのが、Ａ代表初招集の中島翔哉（ポルティモネンセ）だった。

２０１７年８月にポルトガル１部へ赴き、９得点を叩き出している男は日本代表でも

中島翔哉 SHOYA NAKAJIMA

その決定力を遺憾なく発揮した。

3月23日のマリ戦で終了間際に挙げた同点弾はまさにその象徴。同じ2016年リオデジャネイロ五輪世代の三竿健斗（鹿島アントラーズ）からのクロスに絶妙のタイミングで飛び込み、右足を一閃。日本を窮地から救ったのだ。

「あの位置に入ることは監督も求めていたし、自分もポルトガルでやる中で必要だと感じていたこと。1つ進歩した部分だと思いますけど、続けないと意味がない」と背番号18をつけた小柄なアタッカーは気を引き締めたが、非凡な得点感覚が1年間の海外経験で研ぎ澄まされたのは間違いない。そこは特筆すべき点と言っていい。

「翔哉はユース時代も毎日早くグランドに来てシュート練習をしていました。ゴールへの意欲が格段に強くなったのは、高2のアディダスカップ（2011年日本クラブユース選手権）でベストヤングプレーヤー賞に選ばれ、オランダのアヤックスへ留学した時。2つ上の小林祐希（ヘーレンフェーン）もそうですけど、彼らは努力に努力を重ねて自分の地位を確立していった選手。その姿勢は今も変わっていません」と東京ヴェルディユース時代の恩師・中村忠監督（現FC東京U－18コーチ）が語気を強めたように、ゴールへの道筋を突き詰めてきた根っからのサッカー小僧・中島翔哉は今、ロシアに挑む日本の切り札になろうとしている。

地元の町クラブでサッカー人生をスタート

「ドーハの悲劇」によって日本が逃した1994年ワールドカップアメリカ大会で、闘将・ドゥンガに加え、ロマーリオ、ベベットの強力2トップを擁するブラジル代表が3度目の世界王者に輝いた1ヶ月半後の同年8月、中島翔哉は東京のベッドタウン・八王子市で誕生した。一人っ子の彼にとってサッカーボールは遊び道具であり親友。つねにボールを傍らに置き、暇さえあれば蹴るほどの入れ込みようだった。

母親同士が姉妹で、1つ年下の従弟に当たる小池龍太（柏レイソル）は、幼少期のエピソードを明かしてくれた。

「翔哉と僕の家はホントに目と鼻の先。自分は5つ年上の兄と2つ下の弟がいる3人兄弟なんですが、翔哉と一番歳が近かったので、ホントの兄弟みたいに過ごしていました。

中島翔哉 SHOYA NAKAJIMA

翔哉の家では犬を飼ってたんで、犬の散歩をドリブルしながらするというのが日常茶飯事。家の中では僕も加わって2対1もやりました。犬がなかなか手強くて僕らも苦労したけど、いい練習になったんじゃないかな」

そんな翔哉少年が本格的にチームに入ったのは、八王子市立別所小学校に入学した1年生の時。「サッカーをやりたい」と言う息子をクラブに入れたいと考えた母が地元の町クラブである「松が谷ＦＣ」の募集広告を見つけ、「ここはどう?」と勧めてくれたのがきっかけだったという。

6歳の彼の第一印象を、松が谷ＦＣの小松博司監督は懐かしそうに振り返る。

「最初はお母さんが連れてこられたんですが、もともと人見知りな少年で、大人が話しかけるとサッとお母さんの後ろに隠れてしまうような感じでした。サッカーの技術も最初は他の子どもたちとそう変わらなくて、特別に目立つようなこともなかった。ただ、唯一違ったのは、『負けるとすぐ泣く』ということでした。1対1でも2対2でもミニゲームでも、負けると悔しくてたまらない。絶対に負けだけは嫌だという気持ちをむき出しにしてくる。そこまでスイッチが入って豹変する子は見たことがありませんでした」

松が谷ＦＣは発足から37年を迎える老舗クラブ。

小松監督は少年指導歴40年超の大ベテランだ。教える内容にもこだわりがあり、技術面に特に力を入れている。今は「低学年まではドリブル1本」という考え方で、個人のスキルを身につけさせようと仕向けている。

「昔は中学・高校からサッカーを始める子もいましたけど、今は中学校以上はサッカー経験があることが前提になっている。その段階でボールを止める蹴る、ドリブルやフェイントがまともにできないと選手自身が困ると思います。そう考えて、とにかく低学年は個人技術習得を第一に考えています。翔哉の頃はドリブル1本ということはなかったですが、やはりリフティングやドリブルなどにかなり多くの時間を割いていました。

練習時間は低学年が午前、高学年が午後という形になっていますが、翔哉は低学年の練習が終わった後、また13時くらいにグランドに現れて、高学年の練習にも参加していた。当時はOBの社会人や大学生も練習を手伝ってくれていたので、彼らに構われながらいろんなテクニックに果敢に挑戦していました。

彼のすごいところは、その場でできなかった技術を1週間後に確実にマスターしてくること。毎日、必死に練習していたんでしょう。小4の頃には大人顔負けのスキルを身に着けていました」と小松監督は努力家だった翔哉少年の一面を嬉しそうに話していた。

「練習のない日は近くの公園に行ってドリブル練習をよくしていました。コンクリートの上で裸足になってボールをコントロールすることも多かったかな。学校にもボールを持っていって授業中も触ったりしてました。もちろん先生に怒られて、取り上げられるんですけど、すぐに取り返しに行ってまたやるとか。そんなやつ、正直言って、頭おかしいですよね」と中島本人も苦笑いしていたほどだ。

従弟の小池も低学年の頃は松が谷FCに入っていたため、翔哉少年と行動をともにすることが多かった。

「学校が休みの日も校庭に侵入してサッカーしていたんで、『中島君と小池君は職員室に来てください』と呼び出されることが何度もありました。それでもやめないから、学校側にとっては厄介な存在だったんじゃないかな。でも、母親たちは2人一緒にいることが分かっていたんで、安心していたと思います」（小池）

翔哉少年はこれだけでは飽き足らず、小2から東京ヴェルディの調布スクールにも週1回ペースで通うようになった。

スクールでは元Jリーガーの菊池新吉コーチ（現川崎フロンターレGKコーチ）らの指導を受ける機会に恵まれたが、ミニゲームではその菊池コーチに泣きながら向かっていくという武勇伝も残している。

練習には母親が車で送り迎えしてくれたが、保護者の後方支援がなければ、首都圏の少年サッカー選手の生活は成り立たない。それが実情なのだ。

「翔哉君のお母さんは本当に熱心な方で、息子さんのサッカーにはいつも協力的でした。従弟にも当たる龍太君のお母さんも含めて、家族ぐるみでサポートされていました。翔哉はもともと人一倍の負けず嫌いですから、試合になると人が変わったみたいにアツくなる。『何やってんだ』『何でそこで止まってるんだ』とチームメートに容赦なく苦言を浴びせることもありました。その様子を見て、お母さんが心配して『味方にそんなこと言っちゃだめ』『やめなさい』と注意するんですけど、本人はあっけらかんとしていた。お母さんは困惑されていましたね」と小松監督は微笑ましいエピソードを披露する。

当の翔哉少年も、周囲を取り巻く保護者たちが子どもたちに向かってあれこれ注文をつけることが好きではなかった。

「小学校のサッカーで、親が横でギャーギャー言ってるのをよく見ますよね。僕はあれが嫌いで、なくしてほしいと思います。ウチのお母さんもうるさかったけど、普通に静かに応援してほしい。ホントに『黙れ』と言いたくなります（苦笑）」と本人は冗談交じりに話していたが、確かにこれはサッカー少年たちの本音ではないだろうか。

もちろん中島自身はと母の協力に心から感謝している。そのうえで、ピッチ内への口出しを遠慮してほしいと考えている。そういう思いを親子が共有できれば、少年サッカーの環境はもっとよくなる。彼はそう考えているのだ。

小4までは松が谷FCを軸に、スクールに通ったり、従弟との自主練に励んでいた翔哉少年。

その彼に1つの転機が訪れる。

小松監督から東京ヴェルディジュニアのセレクションを受けるように勧められ、何百倍もの競争を突破。小5から通うことになったのだ。

「名門・ヴェルディのセレクションともなれば、600〜700人の少年が受けて3人くらいしか合格しない。お母さんも『きっと受かりませんよ』と心配されていましたが、翔哉はその関門を見事に突破しました。ウチのクラブから3人が最終まで進みましたけど、結局受かったのは彼だけ。それだけ際立ったスキルを備えていたということでしょう」と小松監督は教え子を快く送り出した。

幼いころは根っからのサッカー少年

小5になった2004年、翔哉少年はヴェルディジュニアに入った。八王子の自宅から多摩のよみうりランドまでは電車を乗り継いで片道40分程度かかる。小学生には負担の大きい移動距離だったが、本人は喜んで平日の週3回、グラウンドへ通った。

「家に帰るのも遅くなったけど、全然大変じゃなかった。うまい人とできるのが楽しみだったから。練習はリフティングやシュート、ゲームが中心でした」と彼は言う。

当時ジュニアの指導に携わっていたのは、永田雅人監督（現日テレ・ベレーザ監督）。永田監督は翔哉少年に「どんどんボールに触れ。うまい選手がボールに触らないとゲームにならない」とよくアドバイスを送ったという。

それを頭に入れて、本人はボールに触れる場所にいるように心がけた。もともと感覚的にプレーするタイプではあったが、優れた指導者の的確なコーチングが、彼のサッカー観を研ぎ澄ませていった部分も少なからずあったのではないか。

永田監督は映像を使った指導にも長けていた。ブラジル全国リーグやラ・リーガなど

中島翔哉 SHOYA NAKAJIMA

PHOTOS:Masahiro Ura

近くの公園でドリブル練習をよくしていた。コンクリートの上で裸足になってボールをコントロールすることも多かったかな

の映像を自ら編集し、練習前に子どもたちに見せて、意識向上を図るといったアプローチも頻繁に行っていたようだ。

「僕は当時、ロナウジーニョが好きだったんです。技術がとにかく高かったから。彼が所属していたバルセロナの映像はよく永田さんから見せてもらいました。ロナウジーニョは家でもボールをよく触っていたという話を聞いて、自分もそうしていましたし、ボールを抱いて寝てました」と中島は笑う。初めて見たワールドカップも憧れのロナウジーニョとロナウド、リバウドの3人が「3R」として日本中を席巻した2002年日韓ワールドカップだった。「いつの日か自分もああいう華やかな舞台に立って活躍したい」という夢は日に日に膨らんでいった。

それだけ高い目標を持っている翔哉少年だから、興味のあることには貪欲に食らいついていく。

その象徴的な出来事が、ヴェルディコーチ陣との練習前後のミニゲームだ。サッカー大好き少年は誰よりも早くグランドに来て、1人でリフティングやボールコントロールの練習をしながら、大人たちがボールを蹴っているところをチラチラ見ていた。

「今のサッカー少年はグラウンドの端っこやクラブハウスで喋っていて、ギリギリになってボールを蹴り始める子が多いけど、翔哉は大人相手でも構わず『自分を誘ってほしい』というオーラを前面に押し出していました。そこで、自分やユーススタッフだった菊原志郎さん（元横浜F・マリノスU－15監督）や都並（敏史＝現ブリオベッカ浦安テクニカルディレクター）さん、ジュニアユースのスタッフだった冨樫（剛一＝現東京ヴェルディ強化部アカデミーダイレクター）さんや西ヶ谷隆之（現SC相模原監督）といったコーチングスタッフが『こっちへ来い。一緒にやろう』と声をかけると、喜んで飛びついてきた。そうやって毎日のようにボール回しやミニゲームを一緒にやりましたね」と中村コーチは述懐する。

いつも同じ小学生とプレーするより、年の離れた大人とボールを蹴った方が自分の足りない部分を発見できるし、新たな技にも思い切ってチャレンジできる側面はある。翔哉少年は年齢を超えた人との遊びの中で自らの技術に磨きをかけていった。こんな彼の成長に菊原氏も目を細めていた。

「遊びのゲームといえども、負けたらシャトルランや腕立て伏せ、腹筋といった罰ゲームを採用するなど、ある種の厳しさを持ってサッカーに取り組んでいました。3点先取のミニゲームで2－0で勝っていても『適当にやってちゃいけない』と翔哉には口を酸っぱくして言った覚えがあります。そこで相手に1点を取られてしまうと、ゲームの流れがガラリと変わり、相手にペースが行ってしまう。だからこそ、守備面での積極的なチャレンジが必要なんだというアドバイスをしましたね。こういった遊びの中で試合の流れを読む力や戦術眼を養えたのは大きかったと思います。翔哉は守備面のハードワークをしっかりする選手ですけど、少年時代から小さなことの積み重ねはすごく大きいと思います」

同じく遊びのゲームに加わった1人であるヴェルディジュニアユースU-13監督だった丸山浩司氏（クリアージュフットボールクラブコーチ）も「翔哉に対してはこっちも真剣に向き合った」と本音を吐露する。

「翔哉みたいなサッカー小僧を見ると、僕ら大人も自然と気持ちが入って来る。だから、こちらも決して手を抜くことなく、本人が泣くくらいまで追い込みました。それでも翔哉は絶対に諦めずに食らいついてきた。やられてもやられても向かってくる。そういう捨て身の姿勢を見て、『この子は小さいけどチャンスを与えてみたい』と感じ、小6の時から中1の試合に出すようになりました。

小6の1年間、翔哉はジュニアユースU-13の全公式戦にスタメンで出していました。

中島翔哉 SHOYA NAKAJIMA

１つ上の学年の中に交じっても、技術的には全く問題なかったですし、十分戦えた。体の大きさはあまり関係ないんだなと私自身も勇気づけられましたね」と自身も小柄な選手だったという丸山コーチは神妙な面持ちで語っていた。

大人に揉まれ、逞しさと子ども離れしたメンタリティを身につけた翔哉少年は２００６年夏の全日本少年サッカー大会でも活躍。ヴェルディジュニアは優勝候補の最右翼に挙げられていた。

ところが準決勝で喜田拓也（横浜Ｆ・マリノス）擁する横浜Ｆ・マリノスプライマリーにまさかの苦杯を喫してしまう。最終的にはそのマリノスが優勝。負けず嫌いの彼は悔しさを爆発させたに違いない。

この挫折をバネに、ジュニアユース昇格後はより一層、サッカーに力を注いだ。練習回数が週５回に増える中、八王子市立別所中学校に進んだ中島は一番先によみうりランドに来て、最後まで残ってトレーニングする日々に明け暮れた。

「ヴェルディのグランドには斜めになっている壁があるんですけど、そこでボールを蹴っては跳ね返りを拾ってまた蹴るという練習をずっと１人でやっていましたね」と本人は当時をしみじみと振り返る。

中学時代は体格差が最も出る時期。

チームメートはグングン身長が伸び、大人の体型になっていくのに、中島翔哉は小柄なままだった。フィジカル的に恵まれた選手に倒されたり、封じられるケースが増え、持ち前の高度な技術を出し切れずに苦しむ場面も目立ってきた。

中3の夏に行われたアディダスカップ（日本クラブユース選手権）の登録メンバー20数人からも外されたという。同学年の楠美圭史（FC今治）や安在和樹（サガン鳥栖）、前田直輝（松本山雅FC）といった仲間たちから一歩遅れる形となり、本人もショックが大きかったことだろう。

「あの時代の翔哉が一番浮かない表情をしていましたね」と丸山コーチは言う。

「身体が小さい選手は人一倍の努力とサッカーへの強い意思がなければ、トップには這い上がれません。翔哉は確かに苦しんだかもしれませんけど、決して不平不満を言わずに、自分がうまくなるために時間を割いていました。ヴェルディには過去にもいろんなサッカー小僧がいましたけど、あそこまで度を越したやつは翔哉だけと言っても過言ではない。そこまでサッカーを突き詰めて、瞬間的なスピードや卓越したボールコントロール、ハードワークといった今につながる長所を磨いてきた選手なんです」

中島翔哉 SHOYA NAKAJIMA

PHOTOS:Masahiro Ura

翔哉とは毎日のように
ボール回しやミニゲームを
一緒にやりましたね（中村コーチ）

実はヴェルディ側としても、「翔哉はユースに上がってから鍛えればいい」と考えていた。「全国大会に出られないんだから、その時期にブラジルへ行かせよう」という話も出て、中島はブラジル短期留学する機会にも恵まれた。

プロを目指してハングリー精神をむき出しにする少年たちを目の当たりにして、再び闘争心と向上心を取り戻したようだ。

U-17ワールドカップではブラジルに苦杯

そして2010年にはユースに昇格。都立調布南高校に入学した彼は学業と掛け持ちしながらプロを目指した。

中学時代の停滞期を乗り越え、守備意識を高めつつあった彼に、すでにヴェルディを離れU-16日本代表コーチとして日本サッカー協会の仕事をしていた菊原氏はこう声をかけた。「お前、代表でやりたくないのか」と。

「日の丸をつけたいんだったら、好きなことをしているだけではダメ。チームのために何をしたらいいのか考えてプレーしないといけない。そういう話を何度も翔哉にはしたつもりです。僕が口を酸っぱくしてそう言ったのは、『いつかどこかで翔哉を代表に呼びたいね』と吉武博文監督（現FC今治監督）とよく話していたからです。

僕らはずっとタイミングを計っていましたけど、ある時は『オフ・ザ・ボールの時に歩いていたよ』、またある時は『自分の好きなドリブルばっかりしてたよ』と課題が見えてきた。味方を生かしながら自分も生きるという役割をなかなか果たせなかった。それでも高1の後半には進歩が見られたんで、AFC・U－16選手権（ウズベキスタン）直後の合宿に呼んで、仲間同士で生かし合うことを意識させました。

年齢が上がってくると、ただうまいだけの選手は使いづらくなる。吉武さんは当時『共鳴』をキーワードにしていましたけど、チームを第一に考えてプレーしたうえで、個人のストロングポイントを出さないといけない。その重要性を翔哉には徹底して伝えました」

育成年代の名指導者として知られる吉武・菊原コンビの的確なアプローチが幸いし、弱点を克服した中島翔哉は2011年6月のU－17ワールドカップ（メキシコ）の日本代表メンバー入り。

準々決勝・ブラジル戦ではゴールも叩き出した。最終的に日本はブラジルに2－3で敗れたのだが、このチームの人とボールの動く連動性の高いサッカーは世界中の賞賛を浴びた。

中島自身も「ブラジルからは大きな刺激を受けました」と後に語っているように、世界基準を痛感した重要な節目となった。

さらに直後の8月、彼は冒頭の通り、アディダスカップでベストヤングプレーヤー賞に選ばれ、オランダ・アヤックス行きのチャンスを得る。この貴重な体験がゴールの重要性を体感する千載一遇の機会となったのだ。

「アヤックスに行ったら、みんなシュートがうまくてビックリしました。他のプレーは全然うまくないし、むしろ下手くそだなと思ったけど、シュートだけはすごいんです。その実情を知って、帰国してから自分もすごくシュートにこだわりました。点を取れるのが本当に怖い選手だと感じましたからね」

本物のプロフェッショナルに目覚めた中島は高2から高3に上がろうという2012年2月、2種登録されトップチームに帯同。高校も調布南から通信制のウィザス第一学院へ移って、本格的にプロサッカー選手の一歩を踏み出した。

そして同年9月のアビスパ福岡戦でJリーグデビューを飾り、10月に正式にプロ契約

中島翔哉 SHOYA NAKAJIMA

を締結。

直後の栃木ＳＣ戦でハットトリックを達成し、彼は「傑出したテクニックと得点力を誇る18歳の若きアタッカー」として一躍、知名度を高めた。

「ハットトリックを達成した時は本当に嬉しかったですね。翔哉は松が谷にいた小学生の時、『将来はプロサッカー選手になって、お母さんに家を建ててあげる』という夢を描いていました。家を建てる方はまだ叶っていないみたいだけど、小さい選手でも十分やれるということを示したのは確かだと思います。

翔哉はドリブラーのイメージが強いでしょうけど、子どもの頃からボールを持ちながらスルーパスを出して味方を使うのがうまかった。そんなあの子がヴェルディでトップで使われるようになってから、点の取れるアタッカーへと変化した。幅広い仕事のできる選手になったと痛感させられました」と小松監督も親目線で教え子の飛躍を喜んだ。

「サッカーをやるうえで大切なのは、まず自分が楽しむためにやること。楽しいと思ってサッカー始めた人は最後まで楽しめばいい。周りにいる大人の事情とかは全く考える必要がない。それはプロになっても同じです。

もちろんプロになれば多くの人が関わってくるし、お金のこともあるけど、自分はそ

PHOTOS:Getty Images

勝つことの大切さも
分かってますけど、
やっぱり楽しむことが大事。
楽しまずに勝っても成長には
つながらない

のためにサッカーをやってるんじゃない。勝つことの大切さも分かってますけど、やっぱり楽しむことが大事。楽しまずに勝っても成長にはつながらない。自分はそう思います。

僕ら日本人はすごく恵まれているから、ブラジルの選手みたいにハングリーさを求めるのは難しい。だからこそ、楽しさを追求して、どんなレベルの高い相手とやっても楽しめるようになれたらいい。心から楽しむためには技術や経験、自分の運動能力も必要だし、守備も大切。努力しないとダメなんですよね」とプロとして、代表として着々と実績を積み重ねる中島は少年時代から抱き続けてきた哲学を忘れたことはない。

世界の大舞台で結果を残す選手へ成長

中島翔哉のその後のプロキャリアは決して順風満帆とは言えなかった。2014年にFC東京に完全移籍。同時に期限付き移籍したカターレ富山ではリーグ戦28試合に出場し、8月にFC東京に復帰したものの、その後は試合に出たり出なかったりを繰り返した。

「中学、高校、大学と年齢を重ねていくにつれて、自分の可能性を捨ててしまう選手も少なくないと思います。でも翔哉はそういう人間じゃない。不遇な立場にいる自分に言い訳せず、腐らず自分を高めようと努力ができるやつなんです。だからここぞという大一番で結果を出せる。あの子が成功すれば、日本中の小柄なサッカー少年の希望になると同時に、日本サッカー界の底上げにもつながると思います。生粋のサッカー小僧の翔哉らしく、今の苦境を打開していってくれると思います」と丸山コーチが言えば、中村コーチも「サッカー選手は試合に出られない時期が必ずある。僕自身もそうでした。そういう選手はチャンスを与えられた短時間に結果を出さないといけない。翔哉はサッカーにきちんと向き合っていますし、それだけの努力をしている。翔哉ならどんな舞台でもブレることなくやり切ってくれると思います」と太鼓判を押していた。

恩師たちの言葉通り、２０１６年リオデジャネイロ五輪アジア最終予選を兼ねた２０１６年１月のＡＦＣ・Ｕ−23選手権（カタール）でＭＶＰに輝き、リオ五輪本番でもコロンビア相手に見事な一撃をお見舞いした。そしてＡ代表でもデビュー戦でゴールという離れ業をやってのけた。

大舞台に強い男……。

そんな称号が中島翔哉にはよく似合う。

「翔哉は楽しんでいる時が一番輝く選手。３月のマリ戦も楽しむ気持ちを前面に押し出していたから、相手に脅威を与えるプレーをたくさん出せたんだと思います。僕は翔哉を心からリスペクトしてるし、背中を追いかけ続けています。ロシアにはぜひ行って活躍してほしいですね。僕らの母親たちも喜ぶと思いますから」

兄弟のように育った従弟・小池からの力強い言葉もエネルギーになるはずだ。生粋の点取り屋には日本サッカー界の重苦しいムードをガラリと変えてもらいたいものである。

PHOTOS : Kenzaburo Matsuoka

文武両道を大事にした育成時代。
自分で考えることを繰り返して
プロサッカー選手の夢を叶える

森岡 亮太 もりおか・りょうた

［MF／アンデルレヒト］

RYOTA MORIOKA
PROFILE

1991年4月12日生まれ。5歳の時からボールを蹴り始め、小学生時代は正道カンガーFC、FCソルセウでプレー。小6の時にはバーモントカップ全日本少年フットサル大会に出場。小学生時代から技術を磨き、さらに飛躍したのは高校時代。個人技をベースにしたサッカーを追求する久御山高校では、1年生から活躍。その才能を認められ、卒業後はヴィッセル神戸に加入。神戸で6シーズンを過ごした後、ポーランドへ移籍。2017 年には、新天地・ベルギーで大ブレイクし、11月には日本代表に復帰。2018年1月にアンデルレヒトへ完全移籍した。

［プロサッカー選手になるまでの軌跡］

［小学校時代］正道カンガーFC
FCソルセウ
［中学校時代］東城陽中学校
［高校時代］久御山高校

２０１８年４月６日、ベルギー南部に位置する同国第４の町・シャルルロアで行われた17−18シーズン・ベルギー１部プレーオフのシャルルロア対アンデルレヒト戦。開始早々の３分、右サイドのラザル・マルヴィッチが挙げた絶妙のクロスに反応してゴール前へ侵入し、左足ジャンピングボレーで先制弾を叩き出したのが、エースナンバー10をつける男・森岡亮太だった。

森岡 亮太 RYOTA MORIOKA

4－2－3－1のトップ下を本職とする彼にとって、この日の3－4－3の左FWというのは不慣れなポジション。

慣れない起用をされながら、自らの巧みなサイドチェンジからシーズン通算13得点目をお膳立てしてみせたのは、大いに評価される点だった。

「今の自分が目指しているのは、アンデルレヒトのリーグ制覇とUEFAチャンピオンズリーグ（UCL）本戦出場権獲得。そして得点やアシストをできる限り増やすこと。そうやって個人のレベルを上げるしか、世界で生き残る術はないと思っています」と1月末にベルギーの名門クラブへステップアップした進境著しいアタッカーは語気を強めている。

目覚ましい活躍ぶりを日本代表のヴァイッド・ハリルホジッチ前監督も高く評価。2018年11月のブラジル（リール）・ベルギー（ブルージュ）2連戦と2018年3月のマリ・ウクライナ2連戦（リエージュ）に招集し、チャンスを与えている。後任の西野朗監督もその後の動向を興味深く見守っているはず。夢であるロシアワールドカップ出場に手が届きそうなところまで来ているのは確かだろう。

「小学生時代の亮太も『結果を出す男』でした。ポジションは主にボランチでしたが、チームの得点の9割くらいを彼が取っていた。『自分が点を取るためにどうするか』を逆算して考えられる賢さが当時からありました」と小中学生時代に通ったFCソルセウの高山毅総監督が言えば、京都・久御山《くみやま》高校時代の恩師・松本悟監督も「天性のひらめきや創造性が際立っていて、頭の部分が少し違うのかなと感じるところは多々ありました。が、最近はシュート力も劇的にアップしている。それには驚かされました」と教え子の変貌ぶりに度肝を抜かれたという。

ヴィッセル神戸、ポーランド、ベルギーと育成年代の指導者たちも目を見張る成長曲線を描いている森岡亮太。「旬な男」のバックグランドを追った。

文武両道の教育方針と母親の献身

ドイツがベルリンへの首都移転を決定し、ソビエト連邦が崩壊するなど、世界情勢が大きく変化していた1991年。

森岡亮太は母・弘子さんの実家がある兵庫県加古川市で同年4月に世を受けた。3つ上の兄・逸平さんに続く次男誕生に父・進さんも大いに喜んだ。

森岡 亮太 RYOTA MORIOKA

「『亮』の文字に『明るい』という意味があったのと、『亮太』という響きが『明るく元気な子』というイメージを感じさせたので、この名前を選びました」と弘子さんは命名の由来を語る。3年後に生まれた妹・佐知子さんも含めた3兄弟の中、亮太少年は活発な幼少期を過ごしたようだ。

一家が居を構えていたのは京都・城陽市。人口7万5000の小都市だが、京都サンガの練習拠点「サンガタウン」がある場所としてサッカー界ではよく知られている。

その縁もあったのか、亮太少年は5歳の時からボールを蹴り始め、兄が通っていた町クラブ・正道カンガーFC入りする。そこでサッカーの楽しさに目覚め、熱を入れるようになった。

「正道カンガーFCの活動は週末だけ。平日は親が共働きだったので、よく兄貴と学童保育に行きました。そこでは野球を筆頭にいろんなことをやったけど、やっぱりサッカーが一番楽しかった。その頃の自分はGKがすごい好きで、憧れの選手は当時日本代表で活躍していた川口能活（SC相模原）さん。日本が初出場した98年フランスワールドカップも覚えてます」と森岡は約20年前の出来事を懐かしそうに振り返る。

高山総監督が99年に立ち上げた町クラブ・FCソルセウに移ったのもちょうどその

頃。久世小学校2年の時、正門前で配られていたビラを見て、友達数人と体験スクールに足を運んだのがきっかけだ。

亮太少年は3期生として小3から正式加入したが、人数が少なかったためコーチ陣とも一緒にボールを蹴る機会が多かった。大人たちが心から楽しそうにプレーする姿が亮太少年の琴線に触れたようだ。

高山総監督がクラブ発足の経緯を語る。

「私の指導者人生は猛烈スパルタ指導のチームが始まりでした。子どもの頑張りには感動したけど、試合自体は何度も見たいとは思えなかった。何回も見たいと思えるチームを作りたいと心底、思いました。その後、地元の弱いチームで教えるようになり、個人技術にフォーカスしたところ、子どもたちが劇的にうまくなった。その1人が武岡優斗(川崎フロンターレ)です。そんな経験から、自ら立ち上げたFCソルセウでは、足元の技術重視のアプローチをした。亮太もそれが楽しかったんでしょう」

ソルセウの活動は週4回。うち3回が11人制サッカー、1回がフットサル。彼はその両方に力を入れていた。

「リフティングとか技術練習は徹底してやりました。『自由に楽しく』って感じで、やり

森岡 亮太 RYOTA MORIOKA

PHOTOS:Kenzaburo Matsuoka

小・中で経験したフットサルが 11 人制サッカーにも生きている

がいを感じましたね。フットサルの方もかなり本格的にやっていました。足技が養われるのはもちろんのこと、距離感の感覚がよくなった。寄せられた時、フットサルはつねに相手が近い状態なんで、視野が狭くなりにくい。11人制サッカーにも生かされたと思います」（森岡）

ソルセウのもう1つのモットーは自主性。選手自らグランドのラインを引いたり、ゴールのネットをつけたりするのは当たり前。移動は全員揃って電車移動で、合宿時も宿舎でのマナーを子どもたちが決めて実践するなど、とにかく「自分で考えること」を大切にしていた。「もともと亮太は賢い子」と高山総監督も言うように、彼には素養があったのだ。

「ウチはサッカー以外は厳しかったですね。勉強や家事手伝いは基本でしたし、外に出たら人に挨拶をする、迷惑をかけないといった当たり前のことを徹底させられました。両親は『大学出えへんなんてあり得ない』と考えていたから、高卒でプロになった時も早稲田大学人間科学部のeスクール（通信教育）を必ず卒業する約束をしたんです。6年がかりでやり遂げましたけど、特に難易度が高かったのが統計学。ホントに大変でした」と森岡は文武両道へと導いてくれた両親の影響力の大きさをしみじみと語っていた。

森岡 亮太 RYOTA MORIOKA

教職に就いている母・弘子さんには、子育てをするうえでの基本がいくつかあった。

①朝爽やかに起きて朝食をしっかり食べられるように、21時には家族そろって寝るのが目標
②周りの人に誠実に接し、友達を大切にする
③本や新聞を読む
④幅広い体験をする。お手伝いもしっかりやる
⑤授業や宿題、当番などの学校生活も真面目にやる

これらはあくまで生活面の約束事。森岡も言うように、サッカーに対して口出しすることは皆無に近かったという。

「『兄と違うチームに入りたい』と亮太に言われた時、練習にも行き、監督にもお話を伺いました。高山さんの『自分で考えるサッカーをして、サッカーを楽しめる子どもの育成を目指している』という言葉通りの練習風景を見て、信頼してお任せしました。チームメートのお母さんに『お家の方が来ると亮太君が頑張る』と言われて、公式戦はなる

べく応援に行くようにしましたが、サッカーのことは分からないので見ているだけでした。サポートしたことがあるとすれば食事の面。小5の時に京都府選抜に選ばれた際、栄養管理の話を聞いて本人がすごく気を使うようになったので、家でも炭酸系の飲み物やスナック菓子をできるだけ置かないようにし、栄養面を考えた食事を出すように心がけました。喘息持ちだったので生活リズムを崩さないように気をつけました」と母は述懐する。

個性を貫いた少年時代

両親から正しい教育を受け、人として真っすぐに成長しながらサッカーに邁進していた亮太少年。上の2学年が少なく、小4から公式戦に出て活躍していたこともあって、比較的順調なレベルアップを遂げていった。

「亮太は当時から大柄で、同年代のDFだと簡単にかわしてしまっていた。ただ、同じことを続けていたら、将来的には周りが成長してきた時に抜けなくなる。そうならないように『自分で考えて、逆を取ったり、相手をだましたりしろ』と常日頃からアドバイスを送り、対応力を養わせようとしました。

当時から彼は、サッカーを見る力に長けていた。小４の時から大会に出るたび、休憩時間になると『試合を見てきていいですか』と言って、じっと他チームの一挙手一投足を目に焼き付けていました。

『自分ならどうプレーするか』を考えながら流れを追っていたそうです。こうした小さな積み重ねが独特の創造性やアイディアの構築につながったのかなと思います」と高山総監督は亮太少年の非凡さを見抜いていた。

とはいえ、壁にぶつかることももちろんある。

その１つが小５の清水遠征だった。

「全国規模の大会で優勝している１つ上の清水ＦＣと試合させてもらうことがあったんです。その時は衝撃でしたね。『能力ありすぎるやろ。ホンマにこの人らって1こ上』って思いましたね」と彼は神妙な面持ちで言う。当時はまだまだサッカー王国・静岡との差は大きかったのだろう。

２つ目が京都府選抜。遠征メンバーには必ずと言っていいほど入れなかった。

「何十人かいて、遠征メンバーを20人選びますって言ったら、絶対に入らなかった。他

ウチはサッカー以外は厳しかった。
勉強や家事手伝い、
外に出たら人に挨拶をする、
など当たり前のことを
徹底させられた

森岡 亮太 RYOTA MORIOKA

にもうまい選手はたくさんいましたからね」と本人は苦笑する。「ボールを持ちまくるから評価されなかったのかなと。ただ、自分のスタイルを変えないのが亮太のいいところだと僕は思っていました」と高山総監督は教え子の個性をポジティブに捉えていた。

3つ目は小6の時のバーモントカップ。

ソルセウは念願の全国大会出場を果たしたが、予選リーグ2位で行われる2次リーグで敗退。決勝戦を見て帰ることになった。そこで目の当たりにしたのが、現日本代表の同僚で、当時江南南サッカー少年団のエースだった原口元気（デュッセルドルフ）の一挙手一投足だ。

「彼らと決勝で当たった相手が兵庫県代表。そのチームも強かったのに、江南南にボコボコにされてた。『マジか、これ』と。みんなすごかったけど、原口元気はホント、えぐかった（苦笑）」

上には上がいることを痛感した小学生時代。

その貴重な経験を糧に、亮太少年は2004年春に小学校を卒業。地元の東城陽中学校に進む。

他のクラブからの誘いもあったが、「学校生活や学校での仲間づくりを大切にしてほしい」という両親の願いを聞き入れ、中体連でサッカーを続けることにした。

仲間とともにレベルアップした中学時代

東城陽中は森岡の1・2学年上は市大会の次のステージである山城大会にも出られないくらいのごく普通のチームだった。

けれども、彼の代は15〜16人中、7〜8人がソルセウ出身者ということで、一気にレベルが上がった。顧問の清水仁先生はサッカー専門ではあったが、多忙ゆえに練習になかなか来られない。このため、生徒自身が進んで練習を行うことが多かった。

「清水先生からはメニューを一応、渡されてましたけど、ずっとミニゲームをやっていました。ソルセウに行ってなかった子らも僕らと毎日プレーする中でいつの間にかメッチャうまくなっていた。チーム内にいい相乗効果があったと思いますよ」と森岡は微笑む。

彼は部活動の傍ら、ソルセウにも通い続けた。

当時のソルセウはジュニアユースがなく、中学生はスクールに参加する形だった。週

森岡 亮太 RYOTA MORIOKA

2回は11人制サッカー、週1回はフットサルという小学生時代のスタイルを継続したことで、学校の部活で不足気味だったテクニック練習もしっかりとこなすことができた。

「フットサルは中学時代の方がガッツリやってました。高山さんが大阪のマグ・フットサルを作らはった人をコーチに呼んで、フォーメーションから戦術まで超本格的に取り組んだ。技術的にもかなり向上したと思います。学校で自主的にゲームをして、ソルセウでテクニックを磨くというのは、僕にとっては理想的なサイクル。ソルセウに通ってなかった仲間でもやりたい子はスクールに誘ったりして、ホントにみんなが上達した。いい環境に恵まれました」と本人も嬉しそうに話す。

学校も真面目な生徒が多く、両親から言われた学業もしっかりこなしながら中学時代を過ごした森岡。ただ、負荷をかけすぎたせいか、ストレッチを入念にやる習慣がなかったせいか、しばしば肉離れを起こすという悩みに直面。最後の全国中学校大会も京都で優勝して近畿大会に進んだが、その時も肉離れした足をかばいながらプレー。惜しくも敗れて全国を逃すことになってしまった。

それでも、森岡の技術は誰もが認めるレベルに達していた。後に進むことになる久御山の松本監督は「すでに森岡は中2で高校生をコケにするくらいだった」と証言する。

「兄貴（逸平さん）がウチにいて、『ウチに来たがっている弟がいて、サッカーがすごいんです』と言うんで、中2の夏から時々、練習に来てもらっていました。ボールを持てるし、とにかく人と違うことをしようとする。日本にあまりいないタイプの選手でした。私自身は静岡学園の井田勝通監督（現バンレオール岡部GM）のスタイルに魅了され、個人技をベースにしたサッカーを追求してきたので、高山さんともサッカー観が近かった。森岡のことも聞いていたので、ぜひウチに来てくれればと思っていました」

自身のスタイルを尊重してくれる名将と出会いは森岡にとって僥倖《ぎょうこう》に他ならなかった。２００７年春、彼は久御山高校の門を叩いた。

直面する課題に真摯に向き合い、高みを目指す

森岡がいた時の久御山は部員約１００人の大所帯。京都ではつねに高校総体や高校サッカー選手権を争う強豪という位置づけだった。そこで森岡は1年から試合に出て、高度なテクニックを発揮していた。

「森岡には助けてもらうことが多々あった。普通の高校生だと練習でも10のうち3か4

森岡 亮太 RYOTA MORIOKA

しかできないことを、彼はいきなり8か9やってしまう。自分よりレベルの低い選手が多い中、本人もいかにして周りに気づかせるかを考えていた。周りもいい刺激を受けて、一緒に伸びていったと思います」と松本監督は改めて彼の存在価値の大きさを強調した。

ただ、その森岡にも課題はあった。最たるものが、フィジカルとメンタルだった。技術や創造性が高い分、ピッチ全体を走り回ってハードワークする意識は薄い。守備もうまいため、そこまで本気にならなくてもある程度はできてしまう。そこが松本監督にとっての歯がゆい部分だったようだ。

「森岡は自分の意見を持っているし、私の言うことにも反論する。ピッチ上でも指示以上の仕事をこなす力があった。最近の高校生では稀有な存在でした。私がバルセロナ好きだったので、選手たちにも欧州サッカーの映像を貸し出せるようにしていたんですが、彼は同じ試合を何度も見て、感想を言ってくるようなところもあった。イニエスタのプレーも相当研究していたはず。哲学の話を振っても食いついてきたり、本当に見どころのある人間だったと思います。

だからこそ、チームへの愛情を強く持って献身的にやってくれれば、もっと力強くチームを引っ張れた。リオネル・メッシ(バルセロナ)やフランチェスコ・トッティ(元ローマ）はいざという時に頑張るけど、当時の森岡はそこまではできなかった。私にとってはそこが物足りなかったですね」

森岡自身も「松本先生にはメッチャ怒られた。試合で負ける時は基本的に僕の出来が悪い時。『プレーがよくない』と怒鳴られましたね」と苦笑する。インテリジェンスの高い彼なら、恩師があえて自分を鼓舞しようとしていたことを分かっていただろう。現に今、森岡は恩師が与えてくれた「自由」に心から感謝している。

「ポジションはトップ下だったけど、小中高通じてホントにフリーダム。どこにいてもいいし、何をしててもOKで、高校の時もずば抜けて自由にさせてもらっていました。今、振り返っても、自分は『自由を愛する男』でしたね」と本人も笑顔をのぞかせる。

最終的に高3の選手権は県予選決勝で立命館宇治に0－1とまさかの苦杯。不完全燃焼に終わったが、松本監督は「もっと先へ行ってほしい。世界へ羽ばたいてほしい」と強く願ったという。

恩師の願望通り、森岡は神戸で6シーズンを過ごした後、欧州へ飛び出した。ハビエル・アギーレ監督時代の2014年に日本代表に初招集され、同年10月のブラジル戦（シンガポール）にスタメンした時のショックが自身を突き動かしたからだ。

森岡 亮太 RYOTA MORIOKA

「あの時は海外でやってる選手と国内でやってる選手の違いをすごく感じた。ブラジルの選手と5ｍくらい離れてるのに国内組はプレッシャーを感じていたんです。相手はジョギングしてただけやのに（苦笑）。

フィールドプレーヤーでまともに試合していたのはオカ（岡崎慎司）さんと高徳（酒井＝ハンブルガーSV）の2人だけ。なんか違うステージに立たされてる感があって、すごい衝撃を受けた。このまま日本でやってても、こいつらに絶対勝たれへんなと思ったんです」

この日を境にサッカー観が一変した森岡はポーランド移籍後、屈強な体躯を誇る大男たちと渡り合い、英語でポーランド語の授業を受けるなど、欧州の舞台で活躍するために努力した。

そして2017年夏に赴いたベルギー1部のワースラント・ベフェレンで大ブレイク。3年ぶりの日本代表復帰も果たした。

ハリルホジッチ前監督には「守備の面をもっと向上させてほしい」と注文を受けていたが、それは欧州でプレーする中で、彼自身が誰よりも強く自覚している点だ。

「オフシーズンに高校の後輩とサッカーする機会があるんですけど、その時ずっと『球

世界で戦うためには球際の部分でどれだけ勝てるかが本当に大切

PHOTOS:Getty Images

森岡 亮太 RYOTA MORIOKA

際行け、球際』って言ってます。育成年代の頃は自由を愛する男やったのに、やっぱり球際の部分でどれだけ勝てるかが本当に大切だと痛感します」と森岡は静かに言う。

こうした課題を克服するとともに、持ち前のゲームメーク力や戦術眼に磨きをかけ、ゴールという新たな武器も手に入れたことで、彼はわずか半年間でクラブ・ブルージュ、スタンダール・リエージュとともにベルギー3強の1つに数えられるアンデルレヒトへ移籍することになった。

「国外のクラブからもオファーはありましたけど、自分の中で強かったのが『その国のトップクラブに行きたい』という思い。ヴィッセルも優勝経験はないですし、ブロツワフも毎年最下位みたいなクラブだった。ベフェレンも有能な監督が率いていて僕自身も伸び伸びプレーさせてもらったけど、欧州カップを狙えるようなチームではなかった。やっぱり強豪でやってみたかったんです」と本人は目を輝かせる。

首都・ブリュッセルにホームを置くアンデルレヒトに赴いてからは「お膳立て役」から「フィニッシャー」へと役割が変化。森岡自身も手ごたえをつかんでいる。

「パスの出し手から受け手に変わったことは大きな点です。フィニッシャーになったことで、時速25km以上のスプリント回数が大幅に増えました。僕はもともと走行距離自体は結構あったけど、メリハリが少ないせいで走っていないように見られがちだった。レベルの高い選手たちと日々プレーすることで精神的な余裕も生まれた。いい方向に進んでいると感じます」と彼は充実感を吐露した。

このように目の色を変えて自分の足りない部分と真摯に向き合い、1つ1つ克服しながら、高い高い領域へと突き進むようになった教え子の姿を、高山総監督も、松本監督も頼もしく感じている。

そして、母・弘子さんも「そういう指導者の方との出会いがあったから今の亮太がある。みなさんへの感謝の気持ちを忘れず、ケガをしないで、強い気持ちで自分の進む道を歩んでいってほしい」とエールを送っている。

「ロシアワールドカップにはもちろん行きたいですし、クラブレベルでもUEFAチャンピオンズリーグ（UCL）や欧州リーグに参戦して、バルセロナやマンチェスター・ユナイテッドなどビッグクラブと対戦してみたいと思ってます。日本が強くなるためには、選手1人ひとりが高いレベルにチャレンジして、高度な経験値を増やさないといけない。僕はもっともっと上へ行きたい」と語気を強めた森岡亮太。そういう高みに上り詰めることが、周囲の人々にとって、何よりの恩返しになるはずだ。少年時代からコツ

森岡 亮太 RYOTA MORIOKA

コツコツと磨いたテクニックとインテリジェンスという武器に加え、プレーの幅を確実に広げつつある日本屈指のアタッカーの行く末が大いに楽しみだ。

PHOTOS : Masahiro Ura

大学からドイツへ赴いた
異色の経歴を持つ男。
自らの意志でキャリアを切り開く

長澤和輝 ながさわ・かずき

［MF／浦和レッズ］

SOCCER BOYS 4 CASE 7

KAZUKI NAGASAWA
PROFILE

1991年12月16日、千葉県生まれ。4歳でサッカーを始め、小学生時代はちはら台SC、中学生時代は三井千葉サッカークラブジュニアユースでプレー。八千代高校時代には全国高校サッカー選手権に出場し、優秀選手に選出。専修大学では、チームを関東大学サッカーリーグ3連覇に導くなど、主力として活躍し、大学4年時には特別指定選手として横浜F・マリノスに加入。その後はドイツ2部（当時）ケルンに加入し、クラブの1部昇格に貢献。ジェフユナイテッド市原・千葉への1年間の期限付き移籍を経て、2017年に浦和レッズに移籍。同年のACLチャンピオンズリーグ優勝、11月には日本代表デビューを果たすなど、飛躍の年となった。

［プロサッカー選手になるまでの軌跡］

［小学校時代］ちはら台SC
［中学校時代］三井千葉サッカークラブジュニアユース
［高校時代］八千代高校
［高校時代］専修大学

オランダ国境に近いベルギー北部のブリュージュ。市内に張り巡らされた運河と無数の橋、美しい中世の街並みで知られるこの町で、２０１７年11月14日に日本対ベルギー戦が行われ、１７３cmの小柄なＭＦ・長澤和輝が代表デビューを飾った。

背番号25をつけた彼は井手口陽介（クルトゥラル・レオネッサ）と両インサイドハーフを形成。アフロヘアが印象的なボランチ、アクセル・ヴィッツェル（天津権健足球

長澤和輝 KAZUKI NAGASAWA

倶楽部）を徹底的につぶす重責を託された。

「本当にチャンスはいつ巡ってくるか分からない。専修大学の時もいきなりドイツに行くことになりましたし、日々やっていることが次につながってくる。それが経験から分かっていたんで、つねにいい準備をするしかないと考えていました」と本人も自らに言い聞かせつつ、ピッチに立った。

格上の相手に主導権を握られた日本だが、長澤はドイツや浦和でのアジアチャンピオンズリーグ（ＡＣＬ）など豊富な国際経験値を武器に、球際の強さと寄せの激しさを押し出した。何度かボールを奪取し、カウンターの起点となるパス出しも見せた。日本は彼が後半17分に下がった後に失点。０－１で敗れたが、長澤が世界トップと対峙しても十分戦えるところを示したのは間違いなかった。

「早朝４時から妻と一緒にテレビで見ましたが、本当にこの大舞台でやれるのか、大丈夫か心配でした。でも、ある程度の仕事はしていたし、『できるんだ』と感じられて嬉しかったですね」と父・一弘さんはしみじみ語る。

八千代高校の恩師・砂金伸監督（現幕張総合高校監督）も「長澤は適応力も順応性も高いから環境が変わってもすぐに力を出せるタイプ。見る人が見れば評価される選手なんですよね」と教え子の代表デビューを喜んだ。

その後、日の丸を背負う機会は訪れていないが、26歳のMFにはまだまだ飛躍のチャンスがある。世界基準を見据えながら自己研鑽に励む「賢い努力家」の原点に迫った。

様々なスポーツに触れながら育つ

ソビエト連邦崩壊という世界を揺るがす大事件が起きた1991年12月、千葉県市原市の長澤家に待望の長男が誕生した。

「最初は自分の一字である『一』の入った名前がいいと思ったんですが、スキーをやっていた私はチームスポーツに憧れがあった。『和』にはコミュニケーションを大切にするという意味があるし、和の心を大事にしながら輝いてほしいと考えて『和輝』にしました」と父は命名の由来を説明する。

年子の姉・侑季さんとは仲のいい兄弟で、2人一緒に遊ぶことが多かったため、母・千登勢さんは子育てが比較的に楽だったようだ。

アウトドア派の父が1歳になったばかりの息子をスキーに連れ出したことがきっかけ

長澤和輝 KAZUKI NAGASAWA

PHOTOS : Masahiro Ura

チャンスは
いつ巡ってくるか分からない。
日々やっていることが
次につながってくる

になったのか、和輝少年はスポーツ好きの子どもに育った。幼児期に水泳を習い始め、市原市立清水谷小学校入学後は空手や陸上競技も触れることになった。ピアノを習っていた時期もあるといい、興味を持ったことには何でもやってみようとする好奇心が当時から強かったという。

サッカーを始めたのは4歳の時。

「家の目の前の空き地で『ちはら台SC』が練習していて、『やりたい』と思ったのが最初です。ただ、低学年までは練習が週2回くらい。高学年になってからは3～4回に増えましたけど、それ以外の日は学校のサッカー部で練習したり、空手や陸上もやる感じでした。クラブはサッカーの楽しさを大事にしながら、技術練習を多く取り入れていた。僕もコントロールやドリブル、相手を抜く練習をよくやりました。ただ、あの頃の僕は人にやらされることが好きじゃなかった。ボールを蹴ること自体はホントによくやってましたけど、練習という形はあんまり……という感じでした」と彼は意外な一面を明かす。

その和輝少年を教えたのが、常名秀則コーチ（現エクサスSC代表）だ。

かつてブラジルにサッカー留学し、三浦知良（横浜FC）と一緒にプレーした経験の

長澤和輝 KAZUKI NAGASAWA

PHOTOS：Kenzaburo Matsuoka

少年時代は相手を抜く
練習をよくやりました。
ただ、あの頃の僕は人に
やらされることが好きじゃなかった

ある彼は引退後、指導者に転身。複数のＪリーガーの少年時代を教えるチャンスに恵まれた。

「和輝はいつも元気でコーチの話もよく聞く真面目な子でした。体はすごく小さかったけど、すばしこくて、ボール扱いに長けていた。主に中盤の司令塔的役割を担っていたけど、ボールを預ければ、スピードで一気に前へ行って点を取ってくれるんで、頼もしい存在でした。それでも天狗になることなく、一生懸命守備もする。その献身性はプロになった今も変わっていないと思います。そういう少年だったんで、こちらは特別にいろいろ言うことなく、自由に伸び伸びさせていました」と常名コーチは述懐する。

同期11人の中ではもちろん一番手。小６の時は市原市選抜にも選ばれた和輝少年だったが、一時はサッカーをやめて野球に転向しようと考えた時期があったというから驚きだ。

「試合や遠征の時に車出しをしてくれる父が『今日は結構、厳しかったな』などと感想を言ってくることがあったんです。僕はそういうのが嫌いで『あまり試合を見に来てほしくないな』と感じていた部分もありました（苦笑）。当時、同じ小学校の野球のクラブチームが全国３位になるほど強かったこともあって、小３や小４の頃は本気でそっちに行こうと考えたこともありました。結局、最後まで言い出せなかったけど……」と本人は複雑だった幼き日に思いを馳せる。

結果的にサッカーは続けたものの、チームは市のベスト16止まりという状況。選抜の方でもなかなか試合に出られなかった。

「ちはら台ＳＣがそんなに強くなかったのもあって、選抜で会うメンバーの能力の高さをすごく感じました。彼らは体も大きくてテクニックもある。僕は小６で１４０㎝しかなかったんで、大柄な選手に刺激を受けることが多かった」と長澤は神妙な面持ちで言う。

仲間に追いつくためにも、より高いレベルのチームに行く必要がある……。自分で物事を考えて実行に移せる賢い和輝少年なら、そう思うのも自然のなりゆきだった。

この１年前に開かれた２００２年ＦＩＦＡワールドカップ日韓共催大会に落選しながら、その後、世界で活躍した憧れの中村俊輔にサインをもらったことも、向上心を煽るきっかけになったようだ。

小６の冬、ジェフユナイテッド市原（当時）の辰巳台ジュニアユースのセレクションを受けようと決意した彼は気合を入れてチャレンジしたが、惜しくも最終選考で落選の憂き目に遭った。

「200人前後は受けに来て、その中の10人くらいはトレセン選抜の仲間だったんですけど、彼らの中にも最終選考で落ちた子がいた。そこで、みんなと話したんです。『三井千葉（現ヴィットーリアスフットボールクラブ）に行こうか』と。三井千葉はジェフ辰巳台のすぐ近くにあって、現実的に家から通えるのはそこしかなかった。すぐに決めました」と長澤は進路決断の経緯を説明する。

栗澤僚一（柏レイソル）や林彰洋（FC東京）ら10人以上のJリーガーを輩出した同クラブはストリートサッカーの雰囲気を大事にしつつ、遊びの中から選手自身の成長を促すというポリシーを持ったクラブ。

和輝少年のような自我の強いタイプにはピッタリだった。常名コーチは「同じ市原市のライバルチームに行くイメージがなかったんでビックリしました」と言うが、本人の意思を尊重した。それは両親も同じだった。彼は2004年春に市原市立ちはら台南中学校に進むと同時に、新たな環境でプレーし始めた。

長澤和輝 KAZUKI NAGASAWA

選抜で会うメンバーの能力の
高さをすごく感じました。
彼らに刺激を受けることが多かった

PHOTOS：Masahiro Ura

悔しさの中にも支えてくれた成長恩師のサポート

中1の長澤は145㎝と依然として小柄で、控えに甘んじることが多かったという。

「ジェフ辰巳台や他のJクラブのジュニアから来た仲間もいたし、170㎝くらいの選手もいたんで、最初は苦労しました。試合に出るようになったのは中2の途中から。4―4―2のボランチでプレーしていましたね」

そんな長澤に大きな影響を与えたのが、中村薫ジュニアユース監督。偶然にも彼も常名コーチと同じブラジル留学の経験があり、技術面には特に強いこだわりを持っていた。

「中村さんは『足のつま先の1㎝の感覚を持ってボール回しをやれ』というような指導者。ミーティングでは『信念を持ってサッカーしろ』と語気を強めたり、『チームスポーツをやるなら熱くならなきゃいけない』と言って、感情が高ぶるような映画を見せてくれたりもする。僕はサッカーノートを用意していつもメモを取っていた。人としての感性を養ってくれた方だと思います。

サッカーの面でも技術指導を徹底して、目標設定を明確にしてくれた。海外サッカーのビデオを用意して『これを見ろ』と渡されて、擦り切れるほど見て、イメージを膨らませることも多かった。すぐ隣にジェフ辰巳台があったので、僕自身『やつらには負けないぞ』という思いでやっていました」と彼は小学生の頃とは違うメンタリティでサッカーに取り組むようになったことを明かす。

三井千葉では全国大会出場などハイレベルな結果こそ残せなかったが、人としてもサッカー選手としても大きく成長を遂げた。そして2007年に八千代高校へ進学。体育科に入ってさらなる高い領域を追い求めた。

「中3の時には桐蔭学園や桐光学園も受けて落ちましたし、Jクラブユースも視野に入れていたけど、どこからも呼ばれなかった。現実的な選択肢は市立船橋や八千代、千葉敬愛などの県内の高校でした。市船は能力の高い選手がたくさんいたし、フィジカルを生かした激しいサッカーをしていたんで、僕にはちょっと合わないかなと感じました。そこで八千代に練習参加したら、三井千葉でやっていたパスサッカーに近い魅力的なスタイルで驚きました。砂金先生の指導も面白かったし、自主性を重んじる校風もいいなと感じたんです」

2006年度の高校サッカー選手権で米倉恒貴（ガンバ大阪）と山崎亮平（柏レイソ

ル）の2枚看板を擁する八千代がベスト4入りしたことも長澤の琴線に触れた。本人は米倉らと同じ88年生まれの屈指のテクニシャン・乾貴士（当時野洲高校、現エイバル）を見に行って「やっぱりすごいな」と父・一弘さんにため息交じりで語ったようだが、乾のいる野洲より好成績を収めた八千代なら、彼にとっても申し分なかったのではないだろうか。

「三井千葉の中3とウチの高1でよく練習試合をしていた関係で、長澤も見たことはありました。『ボールコントロールが柔らかくて、顔の上がる選手』というのが第一印象でした。体が小さかったから他の有力校からの話はなかったみたいだったけど、僕はいい選手だと感じて『ウチに来ないか』と誘いました。八千代の体育科は1学年の40人中、サッカーは5～6人。長澤は推薦入学という形で入ってきた。勉強もかなりできましたし、意識の高い生徒だったのは確かです」と砂金監督は証言する。

普通科の学業レベルが高い八千代は午後の全体練習が2時間のみ。朝練禁止も伝統だ。ただし、自主トレは可能で、長澤は3年間欠かさず参加した。

自宅からは片道1時間半かかるのに、労を惜しまずサッカーに邁進していた。その諦めないメンタリティは恩師の目を引いた。もともとパサーだったが、自分でドリブルで持ち上がってシュートを決める練習にも精力的に取り組み、それも自分の武器にしていった。

「ドリブルをすると相手にタックルを受けて倒れるんだけど、またスクッと起き上がって前へ走っていく。その姿はまさに『小鹿のバンビちゃん』のイメージだった」と砂金監督は笑いながら話していたが、その粘り強さや勇敢さも長澤の強みに違いない。

この時点では現在の173㎝まで身長が伸びていて、「著しく小さい選手」という印象ではなくなった。

実際、高3の時にはキャプテンとして選手権出場を果たし3回戦に進出。大会優秀選手にも選ばれた。全国的知名度が上がれば、Jからのオファーもあってしかるべきだが、本人はすでに専修大学進学を決断していた。

高2の時には流通経済大からの誘いを受けていたが、長澤は練習参加した専修大のパスサッカーに強い魅力を覚えた。

体育学部ではなく経営学部に進学した方が勉強もきちんとできるという判断もあった。そこで教員免許を取得しようと考えたのも、インテリジェンスの高い彼らしいところだ。

より一層の輝きを放つために見据えたい自分の未来

2010年からの大学4年間が長澤の人生を大きく変えたのは間違いない。とはいえ1年の頃は関東大学リーグ2部で目立った活躍ができずに苦しんだ。そんな息子を目の当たりにした父・一弘さんは、2人で話す時間を持ち、こう声をかけたという。

「ここからの大学2・3・4年を後悔しないように過ごした方がいいよ」と。

大学生の3年間は1000日弱。人生の中でやりたいことをできる唯一の時間と言ってもいい。サッカーでも別のことでもいいから、社会に出る前最後の自分探しに時間を使ってほしいと、父は息子に伝えたのだ。

「それがどのくらい影響を与えたのか分かりません」と一弘さんは苦笑するが、長澤のその後3年間の爆発は凄まじかった。関東大学リーグ1部・3連覇を達成し、4年間のリーグ戦で62試合出場・38ゴールという驚異的な数字を残すことに成功したのだ。

さらに2013年夏のユニバーシアード（カザン）で銅メダル獲得に貢献。川崎フロンターレ入りが有力視された。が、この目覚ましい活躍ぶりに目を付けたドイツ2部の

長澤和輝 KAZUKI NAGASAWA

PHOTOS : Masahiro Ura

（海外での暮らしは）
苦しさはもちろんあるけど、
それはプロ選手としての仕事でもある。
つねに前向きに準備することの
大切さを学んだ

ケルンからオファーが届き、彼は大学からJリーグを経ずに欧州トップクラブ入りするという異例のキャリアを踏み出すことになった。

かつてスキーのインストラクターとしてニュージーランドに住んだことのある父、シアトル在住歴のある母、そしてオーストラリアに語学留学していた姉と家族全員が国際派だったことも長澤の背中を押したようだ。

いきなりの異国生活は困難の連続で、ケガにも悩まされたが、ドイツでの2年半は彼にとっての大きな財産になったのは確かだ。

「ケルンでは試合に出られない時期が長かったけど、つねに前向きにアピールしていたし、出ていない時に何ができるかが、ピッチに立った時のパフォーマンスにつながるんだとよく分かった。苦しさはもちろんありますけど、それはプロ選手としての仕事でもある。つねに前向きに準備することの大切さを学びましたね」と本人は強調する。

その後、ジェフ千葉への1年間のレンタル移籍を経て、浦和でプレーしているが、2017年後半には日本代表デビュー、ACL制覇、FIFAクラブワールドカップ出場とブレイク。さらなる飛躍が期待されている。

「日本ではまだまだ3年目のJリーガー。何歳までサッカーを続けられるか分かりませんが後悔しない選手人生だったと思えるように完全燃焼してほしいですね。サッカーの素晴らしさを表現して、子どもたちに夢を与えられるような存在になってくれたら嬉しいです」と父は息子に願いを託す。

そして恩師・砂金監督も「まだ26歳なんで、できればもう1度、海外に行ってほしい。ワールドカップの大舞台も目指してもらいたいですね」とエールを送った。そうやって支えてくれた人たちのためにも、長澤和輝はより一層の輝きを放つこと、それが伸び盛りのＭＦに課せられた大きな責務である。

PHOTOS : Masahiro Ura

失敗してきた数が自分の自慢。
やりたいようにさせてくれた
周囲の人たちに感謝を忘れない

小林祐希 こばやし・ゆうき

[MF／ヘーレンフェーン]

SOCCER BOYS 4　CASE 8

YUKI KOBAYASHI
PROFILE

1992年4月24日生まれ、東京都東村山市出身。幼稚園年代からサッカーを始め、小学生4年生からJACPA東京FCでプレー。中学生から東京ヴェルディの育成組織に加入し、ジュニアユース、ユースで圧倒的な存在感を誇る。2011年からトップチームに昇格するとすぐにスタメンとして起用され、1年目からリーグ戦34試合に出場。2012年から背番号を10に変更するとともに、クラブ史上最年少となる19歳で主将を任された。2013年から3シーズンジュビロ磐田でプレーした後、オランダ・ヘーレンフェーンに移籍。「本田2世」とも評される通り、強靭なメンタリティと自己表現力の高さは傑出したものがある。

［プロサッカー選手になるまでの軌跡］

［小学校時代］サンデーSC
JACPA東京FC
［中学校時代］東京ヴェルディジュニアユース
［高校時代］東京ヴェルディユース

雨上がりの夜霧がかかるカシマスタジアムで2016年11月11日に行われた日本代表対オマーン代表戦。

後半23分に永木亮太（鹿島アントラーズ）に代わって期待の大型レフティ・小林祐希がボランチの位置に入った。

山口蛍（セレッソ大阪）とコンビを組んだ背番号14は持ち前の攻撃姿勢を強く押し出

小林祐希 YUKI KOBAYASHI

し、後半ロスタイムに強烈シュートをお見舞いする。左サイド・原口元気のクロスがDFに当たったこぼれ球を拾った彼は利き足とは異なる右足を一閃。チーム4点目をゴール右隅に蹴り込んだのだ。

「以前の自分だったらダイレクトで打ってダフったり、ふかしたりしていたかもしれない。最初、ダイレクトで打とうと思ったけど、フリーだから1回止める余裕があったし、周りが見えていた。ボールフィーリングもずっとよくて、1対1も全部勝っていたし、競り合いも負けなかった。ただ、練習試合なので、本戦（ワールドカップ予選）で点を取りたいとより強く思うようになりました」と代表2戦目にしてゴールをたたき出した24歳（当時）のMFは熱い思いを吐露した。

その堂々とした口ぶりは今時の若者とは明らかに一線を画している。

「本田圭佑（パチューカ）2世」とも評される通り、小林祐希の強靭なメンタリティと自己表現力の高さは傑出したものがある。

かつては10番に強いこだわりを持ち、トップ下以外のポジションに興味がなかったと言うが、ジュビロ磐田で名波浩監督に指導を受け、2016年夏に渡ったオランダでボランチとして黒子の役割に徹したことで、サッカーをより広い角度から捉えられるようになってきたようだ。

「祐希は小さい頃からサッカーが何よりも好きで、ヒールパスやノールックパスなどで相手を欺くプレーが得意な子でした。当時から得点から逆算してプレーを考えられるタイプでしたけど、オランダに渡ってから守備が強くなったのは確か。着実に成長していると思います」と息子がサッカーを始めるきっかけを与えた父・拓也さんもここ最近の変化を実感している様子だった。

近未来の日本代表ボランチ候補とも評される新世代のレフティの育成過程を追ってみることにしたい。

よき理解者との出会いでサッカーに没頭する

東京・武蔵野台地の中央に位置する東村山市。かつてコメディアンの志村けんが歌った「東村山音頭」で知名度を高めた都下のベッドタウンで、１９９２年４月24日に誕生したのが小林祐希である。

小林祐希 YUKI KOBAYASHI

名前の由来を本人はこう説明する。

『祐』は人を助けるという意味があり、『希』は文字通り、希望の希。人を助けて、希望を与える人になってほしいという両親の願いだったと聞いています。僕の同世代は『ゆうき』って名前がすごく多い。自分の場合は『こばやしゆうき』って苗字も含めて呼ばれることが圧倒的に多いですけど（笑）。覚えやすい名前でよかったなと思います」

両親に2つ下のゆりあさん、4つ下のみらのさんという妹2人を含めた5人家族で幼少期を過ごした彼がサッカーを始めたのは、前述の通り、父の影響だった。

小中学校時代にFWをやっていた父・拓也さんは根っからのヴェルディファン。Jリーグ発足前年に行われたヤマザキナビスコカップに生まれたばかりの長男を連れて行き、Jの試合も一緒にテレビ観戦した。

2歳の誕生日に野球のボールとバットを与えたが興味を持たず、黄色と黒のフワフワのサッカーボール与えると態度が一変。嬉々として遊び始めた。そこが祐希少年の人生の分かれ目だったのかもしれない。

本格的にプレーを始めたのは、多摩みどり幼稚園に入った4歳の時。

「ヤンチャで動き回る自分を尊重してくれる幼稚園をお母さん（ゆかりさん）が探し

回って、ようやく見つけたのがここだった」と小林は言う。

そこで出会ったのが遠藤剛之園長（現理事長）夫妻。祐希少年のよき理解者である。

「多摩みどり幼稚園は昭和25年（1950年）に開園し、私は昭和35年（1960年）から子どもを見ています。ウチは一斉保育と違って、子どもの個性をつぶさない教育をしようというのがモットー。遊びを大事にしているので、祐希とも一緒に外で遊んだり、ボールを蹴ったりしていました。祐希は負けん気の強い一面はありましたけど、本質的には友達思いの優しい子。先生に『これはダメだよ』と言われたらすぐに謝る素直さも持ち合わせていました」と遠藤先生は言う。

同幼稚園は社会体育にも熱心で、体操教室やサッカー教室も行っていた。サッカー教室は、関東一円で幅広く幼児教育のサポートを行っているジャクパにコーチ派遣を要請していた。祐希少年が体験入校した時の担当は梶真人コーチ（現執行役員）だった。

「多摩みどり幼稚園には週1回巡回していて、祐希とは2年目に出会いました。サッカー体験の時にゲームをやらせましたが、祐希はドリブルしていてボールを奪われた相手につかみかかるという予想外の行動に出た（苦笑）。『そういうことをするとレッドカードっていうのが出てサッカーができなくなるんだよ』と諭すと、本人は『分かりま

小林祐希 YUKI KOBAYASHI

PHOTOS:Masahiro Ura

砂場でボールを蹴っていても、普通の子はすぐに飽きるのに祐希は1日中やっていてもいいほどの熱中ぶりでした（遠藤先生）

した』と納得してくれました。お母さんが言うには、彼は今もその教えを守り続けているようです」と梶コーチは懐かしそうに話す。

幼稚園児の頃の祐希少年は黙々とボールを蹴り続けた。凍てつくような寒さの真冬でも、夜8〜9時頃まで練習を続けようとするため、遠藤先生夫妻はわざわざ幼稚園のグランドを開放し、照明をつけ、終わるまで見守った。

息子の様子を見に来た母・ゆかりさんたちが寒くないように、大型暖房器具まで用意したという。「そこまでしてくれる幼稚園の園長先生はいない」と小林は今も感謝を忘れていない。

帰りは近くで働く父と一緒に自転車をこぎ、20分以上の距離を移動するのが常だった。そこまでサッカーにのめり込む子どもは、後にも先にも彼1人だったと遠藤先生はしみじみ言う。

「年長の時、『この子は間違いなくJリーガーになる』と確信しました。砂場でボールを蹴っていても、普通の子はすぐに飽きるのに祐希は1日中やっていてもいいほどの熱中ぶりでしたから。家から毎日ボールを持ってくるのも祐希だけ。心底、サッカーが好きなんだと痛感させられました」（遠藤先生）

小林祐希 YUKI KOBAYASHI

梶コーチも非凡な才能をすぐに見抜いた。

「幼稚園児だった祐希にリフティングを見せたところ、ものすごく興味を示して食いついてきました。5~6歳で200~300回はゆうに超え、小1の後半には1000回を突破しました。自分たちはインステップ・頭・ももというボールコントロールを『世界一周』と呼んでよくやっていましたが、それもすぐにクリアした。インサイドやアウトサイドと難しい課題を出しても、どんどん自分のものにしていきましたね」

東村山市立南台小学校に入ってからは、ジャクパのスクールに通いながら、地元の「サンデーSC」という町クラブに加入。拓也さんもお父さんコーチとして指導に携わった。低学年まではジャクパで技を磨き、サンデーで試合に出るという形でプレーした。

転機が訪れたのは小3の時。

ジャクパの選抜チームである「ジャクパ東京FC」が年1回セレクションを行っているというのを聞きつけ、祐希少年はサンデーに残るか、ジャクパに行くか悩んだ。後者を選ぶべく、背中を押したのは、もちろん梶コーチだった。

「祐希、ジャクパのFCに入らないか。その方がもっと高いレベルでやれると思うよ」

恩師の言葉に触発された祐希少年はセレクションに参加。100人近い子どもが集う中、際立った左足のテクニックを見せつけて合格を勝ち取る。小4以降は武藤嘉紀（マインツ）が在籍していたバディ世田谷、あるいは東京ヴェルディジュニアといった全国区のチームと対戦機会も急激に増え、ハイレベルな経験を蓄積していった。

祐希少年は「プロになる」という確固たる目標を持ち、それに向かって突き進んでいた。そういう選手は往々にして自分にも他人にも厳しい。試合でミスを犯す味方がいれば「なんでお前、そんなことするんだよ」と文句を言いがちだ。そんなことが日常的に起きれば、仲間や父兄から不満も出る。

小6の時にはちょっとした事件も起きたという。

「全日本少年サッカーの東京都大会準決勝前に俺が練習で『ふざけんな』と怒鳴ったら、仲間が『お前とはプレーしたくないから試合に来るなよ』と言ってきたんです。それで俺は『分かった。絶対行かない』と宣言して、ホントに行きませんでした。そしたら当日、監督が試合会場から飛んできて『頼むから来てくれ』と懇願されました。他のメンバーからも『祐希が来ないと勝てない』と電話が来て結局、行くことになり、試合開始直前に着いてアップなしで出ました。相手はヴェルディで、結果は1－2で負け。惜しい内容でしたけどね」と本人は苦笑する。

小林祐希 YUKI KOBAYASHI

「祐希が仲間外れのような扱いを受けているのは知っていました。他の親御さんからも『そんな言い方しなくていいでしょう』とよく怒られていました。でも本人は全く気にしていなかった。『好きなサッカーをしてるだけだ』という信念があったから。それを私も黙って見守るしかなかった」と父・拓也さんは言う。

小林家の両親は祐希少年が小3の時に離婚し、父は別に暮らしていたが、息子のサッカーには頻繁に足を運んでいた。

母・ゆかりさんも可能な限りのサポートに徹したようだ。そうやって静かに背中を押してくれる両親の存在も彼には心強かったことだろう。

強烈な左足を誇る10番タイプの非凡な少年の存在は、ヴェルディやFC東京の関係者にも瞬く間に知れ渡った。小6の時には2つのチームから「ウチに来ないか」と同時にオファーが届いた。

「FC東京は城福（浩=現サンフレッチェ広島監督）さんが担当で毎日電話が来るほどの勢いでした。『お前を（中学高校の）6年間でプロにしてやる』とも言われました。ヴェルディのジュニアユース監督だった菅澤大我（現プレナスなでしこリーグ2部・ちふれASエルフェン埼玉監督）さんも熱心に誘ってくれた。でも『お前がプロになれる保証なんかない。だけどいい選手だったら中学生でもプロになれる。森本（貴幸＝アビスパ福岡）もそうだった』とストレートに言われました。話を聞いて、その通りだなと思いましたね。

練習参加した時も、FC東京はボールなしで走る練習が多かったけど、ヴェルディはいきなりボール回しやゲームから始まった。だんだんみんな熱くなって、我を出し始めて、本気度が高まっていった。その雰囲気がホントに楽しかったし、プロ意識の高さが自分に合ってると感じたんです」と小林はヴェルディを選んだ経緯を打ち明ける。彼が心から慕うようになった菅澤氏は、当時の印象をこう述懐する。

「祐希と最初に会ったのは小5の終わり頃、東京都の新人戦だったと思います。試合前のアップでボールをコントロールしている姿を見て『ビビッ』と来た。一目で気に入りました。サッカー小僧的な一面とお山の大将的な気の強さも感じられました。ヴェルディには個性の強い選手が多かったんで、尖ったところも微笑ましく映った。練習会の時、森本に『将来、トップチームで俺にパスを出してくれ』と言ってやってくれと頼んだら、ホントに口説いてくれたようです（笑）」

こうして運命的に導かれるように、小林祐希は2005年春、Jリーグ屈指の名門クラブの扉を叩くことになった。

浮き沈みの大きかった中学時代

ヴェルディジュニアユースは数多くのプロ選手を輩出した名門。同期にも高木善朗、キローラン木鈴（鈴鹿アンリミテッドＦＣ）・菜入（ＦＣティアモ枚方）兄弟、高野光司（前鹿児島ユナイテッドＦＣ）ら優れたタレントが揃っていて、ジャクパ時代より一段と周囲のレベルが上がった。

東村山市立第一中学校入学と同時に同クラブ入りした小林は、まさに多忙な生活を強いられた。学校が終わると自宅から20分自転車を走らせて最寄駅まで行き、電車を乗り継いで稲田堤まで出て、さらにバスか歩きでクラブハウスに通った。片道約2時間の移動は中学生には負担が大きいが、本人はサッカーのための苦労は厭わなかった。

「練習開始3時間前から行ってひたすら壁当てやシュート練習をしてました。ヴェルディは壁が斜めになってるんで、ボールを当てるとうまい具合に跳ね返ってくる。いろんなキックを練習できました」と今やＦＫの名手となった原点を彼は打ち明ける。

菅澤氏らスタッフと自主トレを行うのも日課だった。

「祐希とはミドルシュートや無回転キックなどありとあらゆることをやりました。こっちが少し技を見せるとすぐ反応して張り合おうとする。そんな反骨心、好奇心の強さは彼の大きな魅力。『絶対に10番じゃなきゃ嫌だ』というプライドも強かった。そういう変わっている子がプロになる。祐希にはその資質があったと思います」(菅澤氏)

ところが、中2に上がったタイミングで菅澤氏がヴェルディを辞め、名古屋グランパスへ赴いてしまった。

後を引き継いだ冨樫剛一監督(当時)、丸山浩司コーチら他のスタッフも親身になって接してくれたが、「大我さんがいなかったらヴェルディには行っていない」と言うほど信奉していた指導者が去ったことは、少なからず痛手だったことだろう。

時を同じくして腰骨の剥離骨折に見舞われ、思うようにサッカーができなくなった。周りは成長期に差し掛かっているのに、晩熟の彼は中2になるまで160cm以下。持ち前のテクニックやアイディアも通じず、苛立ちが募った。家庭でも多忙な母に代わって2人の妹の面倒を見なければならず、練習に遅刻するケースも増えてきた。本人も心身のバランスを保つのが難しかったようだ。

小林祐希 YUKI KOBAYASHI

「祐希の場合、家のことは本当に大変だったと思います。大好きなサッカーを思う存分やりたいのに、仕事と家事で忙しいお母さんの役にも立たないといけない。そんな責感との板挟みになって苦しかったはず。我々指導スタッフもそのことは気にかけていました」と丸山コーチは説明する。

結果として、小林は中2のナイキカップ世界大会のメンバーから外されてしまう。彼らが日本大会を勝ち抜いて出場権を得たにも関わらず、1学年上のメンバーを加えるというクラブ側の意向もあって、彼が押し出される格好となった。冨樫監督らは「祐希には同時期の日本クラブユース選手権で頑張ってもらおう」と考えたが、背番号を10から14に変更され、時にはサイドバックをさせられるなど、本人には納得できないことが続いた。

「中2・3年の監督だった冨樫さんに10番をはく奪されたんです。しかもサイドバックでしょ。『このクソジジイ』と思って、自分のところにボールが来るたびにわざと反対側のタッチラインに蹴り出してたくらいです。攻撃参加した後はトボトボと歩いて戻って、攻められても戻って守備しなかったりした。5分くらいで交代させられたこともありました。『クレイジー小林』って言われたけど、ヴェルディはそんなやつばっかりでし

PHOTOS:Getty Images

好奇心の強さは彼の大きな魅力。「絶対に10番じゃなきゃ嫌だ」というプライドも強かった（菅澤氏）

たからね」と小林は苦笑しつつ、やり場のない怒りと焦りを改めて口にしていた。

冨樫監督に代わって中3のブラジル遠征に連れていき、大会の采配も振るった丸山コーチも中3の時が一番難しかったと言う。

「自分の好きなプレーしかしないことが目に余るようになり、中3夏の関東リーグの柏レイソル戦でも途中交代を命じ、30～40分話し合いを持ちました。『最近のお前はプレーに集中できている感じがしない』と指摘した。本人はふてくされていましたけど、中学生はそういうことが少なからずあるものです。祐希は家庭環境もあって、精神的にすごく不安定だった。そこは本当に心配でした」

こうした立ち振る舞いを、冨樫監督は「祐希は当たり前の感情を出しているだけ」と努めて冷静に受け止めようとした。

「サッカーで子どもたちを変えていくのがコーチの役割。ピッチ上で改善してやればいいと割り切っていたつもりです。祐希の場合はふてくされたり、何か不満をプレーに出すたび、帰宅してから『ごめんなさい』と泣きながら電話がかかってきて、話をするという繰り返しだった。そういうやり取りが頻繁にあったから信じて見守ることができたと思います」

「サッカーで成功する」という彼の大きな夢を指導者たちもよく理解していた。その強い思いだけは決してブレることはなかったと父・拓也さんも語る。

「自分が離れて暮らしている分、『妹たちを頼む』といつも言っていたので、祐希には重圧があったのでしょう。中2の夏に急激に身長が伸びて170cm超になり、プレーの方はだいぶ落ち着いたように見えましたが、試合に出られなかったりしてイライラしていたのは確かです。友達の誘いもあって遊びにも興味を持ったはず。思春期特有の難しさはありましたけど、サッカーだけはどんなことがあってもやり続けるという強い意志は持っていました。私が『サッカーの道具を全部捨てるから』と何度言っても、それだけは許しませんでしたからね」（拓也さん）

母・ゆかりさんも含めて、周囲は小林のキャラクターを理解し、サッカーを続けられるように務めた。クラブ側はスパイクなど用具を提供したり、夕食代を無料にするなどの経済的なサポートもしてくれた。

自分を第一に考え、協力してくれる人々の存在、そして優しさに気づいた小林は徐々に落ち着きを取り戻していく。「祐希に合わせようという人がたくさんいたんでホントに自分はラッキーでした」と本人も神妙な面持ちで語っていた。

小林祐希 YUKI KOBAYASHI

たくさんの失敗があったからこそ今がある

浮き沈みの大きかった中学時代を乗り越え、小林は2008年にユースに昇格。当初は東村山西高校に通いつつトップを目指そうとした。が、すでにU－16日本代表入りし、宇佐美貴史らと海外遠征に行く機会の多かった彼は、学校とサッカーの掛け持ちが難しく、入学してすぐに通信制高校へ転校を決意。その後はほぼサッカー漬けの日々を送ることになった。

「毎朝トップの練習から始まって、3部練をこなしてました。フッキ（上海上港）とかもいてすごい環境でした。ヴェルディも景気のいい時期だったんで食事もしっかりしてたし、体の線が細かった自分にとっては本当にありがたい環境でした」と小林は言う。

高3だった2010年には2種登録され、同年3月のJ2・ギラヴァンツ北九州戦で早くもJリーグデビュー。19歳の時にはキャプテンマークも託されることになった。

「先輩が大勢いる中、キャプテンを務めることに祐希は悩んでいたようです。そこでやったのが、誰よりも先にグランドに出て備品の用意をすること。そういう姿勢は幼稚園児

PHOTOS:Getty Images

失敗してきた数が自慢だと
本田さんも言ってますけど
俺の場合もそうだと思います

小林祐希 YUKI KOBAYASHI

の頃から変わっていません」と遠藤先生は太鼓判を押すように、小林は黒子となって働くことの重要性を覚えつつあった。

その意識がより強まったのが、2012年夏に移籍したジュビロ磐田時代。2014年後半に名波浩監督が就任してから、人を動かすことの面白さを知ったという。

「同じレフティの名波さんからはアドバイザー時代からいろんな助言があったと聞きます。彼との出会いを機に『周りを生かすことで自分が生きる』ということがよく分かったんじゃないかと思います。祐希は小学生の頃は全部1人でやる選手だったけど、中学時代から少しずつ人に任せることを覚え始めた。ヴェルディで佐伯直哉（現東京ヴェルディジュニアユースコーチ）さんとボランチを組んだ時には生かされる側の立場を理解した。そしてジュビロで生かす側になることも経験できた。その段階になって『もう大丈夫だな』と感じました」と父は安堵感を吐露する。

今はオランダで異国のサッカーを体感し、日本代表定着を目指しているが、さまざまな紆余曲折を経て、長い時間を費やしてきたから今がある。小林はその過程が自分の糧になったとしみじみ感じている。

「俺が言いたいのは、子どもの行動を尊重してほしいということ。まず理由を聞いて、きちんと説明できたら肯定してあげるべき。何も言えなかった時に初めて『何も考えないでやっちゃダメ』と怒ればいい。自分は周りからそう接してもらってここまで来られた。失敗してきた数が自慢だと本田さんも言ってますけど、俺の場合もそうだと思います」

小林の例にもあるように、自我の強い少年こそ、より尖った個性のある選手になれる可能性がある。そのことを指導者も保護者も今一度、認識してほしいものだ。

PHOTOS : Kenzaburo Matsuoka

周囲の人への感謝を忘れず、
自分だけの武器を磨く。
そうやって自分は生きてきた!

太田宏介 おおた・こうすけ

［DF／FC東京］

SOCCER BOYS 4　CASE 9

KOSUKE OTA
PROFILE

1987年7月23日生まれ、東京都町田市出身。つくし野サッカースポーツ少年団でサッカーを始め、中学生からFC町田ゼルビアの前身であるFC町田ジュニアユースでプレー。高校時代は、麻布大渕野辺高校に進学。高校選手権に2年連続出場。卒業後は、横浜FCに加入。その後、清水、FC東京とわたり、左サイドのスペシャリストとして活躍。2016年はオランダ・フィテッセでプレーした後、2017シーズンにFC東京へ復帰。日本屈指の精度を誇る左足キックを武器に、クロスボールで得点チャンスを演出するだけではなく、フリーキックからの直接ゴールも狙える左サイドのスペシャリスト。

[プロサッカー選手になるまでの軌跡]

[小学校時代]つくし野サッカースポーツ少年団
[中学校時代]FC町田ジュニアユース
[高校時代]麻布大学附属渕野辺高等学校

寒風吹きすさぶオランダ・ロッテルダムのヘト・カスティール・スタディオンで、２０１６年12月11日に行われた16－17シーズン・エールディビジ第16節のスパルタ対フィテッセ戦。

試合はスコアレスのまま終盤を迎え、ドローの様相を呈していた。そんな後半38分、フィテッセは一瞬のスキを突いて均衡を破る。背番号8をつける日本人左サイドバッ

太田宏介 KOSUKE OTA

ク・太田宏介が精度の高い右ＣＫを長身オランダ人ＦＷリッキー・ファン・ヴォルフスウィンケルの頭にピンポイントで合わせ、値千金の決勝弾を演出。１―０の勝利の原動力となったのである。

こういったアシストの場面はフィテッセに限ったことではない。過去に所属した横浜ＦＣ、清水エスパルス、ＦＣ東京でも頻繁に見られた形だ。それだけ太田の左足キックは脅威に他ならなかった。彼は、その絶対的武器を幼少期から必死に磨き上げてきたのである。

「自分は左利きなので、そこを伸ばそうとずっと考えてきました。小学生の頃、日本代表だった名波（浩）さんが『左足のリフティングはすごいけど、右足は全然蹴れません』と言っていたのを見て刺激を受けたし、暇さえあれば左足キックの練習をしていました。横浜ＦＣに入って都並（敏史）さんが、監督になったプロ３年目（２００８年）に『同じ場面でもキックを蹴り分けた方がいい』とか『カーブをかけるにしてもいろんな種類がある』という細かいことを教わったのも大きかった。自分の長所があるのは本当に強いと思います」と彼は胸を張った。

少年時代の指導者たちも太田の左足の技術向上に対する意欲を目の当たりにし、一目置いていた。

「小学校時代の宏介はCKから打点の高いヘディングでゴールを奪える選手でした。滞空時間が長くて、頭に合わせる技術が非常に高かった。そういう経験があるから、自分が蹴る側になっても受け手の気持ちが分かるのでしょう」とつくし野サッカースポーツ少年団（SSS）時代の松居泰祐コーチ（現FC高津コーチ）が言えば、FC町田時代の岸田毅コーチも「宏介の左足のキックは少年時代から頭抜けたものがありました。『右のインサイドももうちょっとうまく蹴れるようにしろよ』とよく声をかけましたけど、いいところを磨きつつ課題に取り組む意識が高かったのは確かです」としみじみ語っていた。

オランダでタフな1年間を過ごして2017年1月に古巣・FC東京に復帰し、背番号6をつけ奮闘している太田。日本屈指の左のスペシャリストの育成過程を今、ここでひも解いてみることにしたい。

太田宏介 KOSUKE OTA

小学生の頃、暇さえあれば左足キックの練習をしていました

PHOTOS:Masahiro Ura

小学生時代は10番を背負ってチームを牽引

国鉄の民営化、地価の異常高騰など日本がバブル景気に向かっていた1987年7月、東京都町田市在住の太田家に待ちに待った次男が誕生した。父が宝石を扱う仕事に携わっていたため、6つ上の長男は大哉と名づけられたが、次男は父の名から1字を取って宏介と命名されることになった。

「兄ちゃんが『ダイヤ』なんで、俺は『モンド』とつけられるはずだったらしいんです。だけど母方のおばあちゃんが泣いて止めて、今の名前に落ち着いたようです（笑）。『こうすけ』は呼びやすいし、親しみやすい。自分は気に入っています」と本人は嬉しそうに言う。母・祐子さんも「サッカーの試合でみなさんが『宏介コール』をしてくれるのを聞いて感動しています」と笑顔をのぞかせた。

父が長期間単身赴任をしていたことから、太田家は実質的に3人家族だった。兄弟の年齢が離れているため、ケンカをしたことがほとんどなかったという。

「2人が一緒に遊んだのはお兄ちゃんの友達が家に来たときくらい。父親不在の中、宏

太田宏介 KOSUKE OTA

介にとってはお兄ちゃんがパパみたいなところがあったのかな。2人が対等に話せるようになったのは、宏介がプロサッカー選手になってからだと思います」と祐子さんは話す。

宏介少年がサッカーと出会ったのは、つくし野天使幼稚園に通い始めた5歳のとき。同じ幼稚園に秋元陽太（湘南ベルマーレ）と青山隼（前徳島ヴォルティス）がいて、彼らと一緒にボールを蹴るようになったのだ。町田と言えば、北澤豪（現日本サッカー協会理事）や戸田和幸（現慶應義塾大学サッカー部コーチ）ら数々の名選手を輩出したサッカーどころだが、幼稚園仲間にJリーガーになる子どもが2人もいるなど滅多にない。この環境は彼にとって最初の幸運だったと言える。

幼稚園仲間の誘いもあって、年長のときにはつくし野SSSに正式入団。町田市立小川小学校を卒業するまで週4〜5回の練習に参加した。宏介少年の学年は1学年20人程度。同クラブは監督の下に学年毎の高校生・大学生コーチがいて、太田の学年は当時高校生だった松居コーチが7年間、見ることになった。

「相手が子どもなんで、サッカーを教えるというより、サッカーの楽しさを理解してもらうことの方が重要だと考えて、鬼ごっこやドロケイなどボールを使わない練習も結構

やりました。小学生は競争意識を煽ることも大切。勝利にこだわる要素はつねに持たせていたつもりです」（松居コーチ）

宏介少年は10番の司令塔。スルーパスを出して得点をお膳立てし、自らもゴールを奪う大黒柱で、「エース」というに相応しい存在感を誇っていた。「最初は4－3－3の左FWをやっていたけど、もっと自由にした方がいいと思ってMFにしました。宏介は『つくし野SSSの翼君』といってもいいくらいの選手で、10番に強いこだわりを持っていた。背番号は試合前のアップでシュートを入れた人が先に選んでいいことになってましたけど、みんな宏介に遠慮して10番は取りませんでしたね」と松居コーチも証言する。

つくし野SSSに入った1993年にJリーグが発足し、当時はヴェルディ川崎（現東京ヴェルディ）のスター軍団が一世を風靡していた。もちろん宏介少年のアイドルも、キング・カズ（三浦知良）だった。

「町田からよみうりランドのヴェルディグランドが近かったこともあって、特にカズさんには憧れてました。横浜FCに入ってカズさんと一緒に練習できたのはホントに夢のようでした」と太田は当時を述懐する。

華々しく活躍するカズのようになりたいと思い描く彼は、つくし野の練習に飽き足ら

太田宏介 KOSUKE OTA

ず、家に帰ってからもボールを蹴った。当時住んでいた家の前に石壁があり、そこに向かってキック練習するのは日常茶飯事。

「暇さえあればボールを蹴っている子で本当に手がかかりませんでした」と祐子さんも笑う。

「小学校ではミニ四駆や遊戯王が流行っていたけれど、僕は全く興味がなかった。サッカーしてるときが一番楽しかった」と宏介少年は来る日も来る日もサッカーにまい進した。

母はそんな次男を温かい目で見守った。

「お兄ちゃんは細かく躾をしましたけど、宏介は2番目だったので『何を言ってもムダ』と開き直っていたせいか、つねに『えらいね』『よく頑張ったね』と褒めて育てました。少年団は日々の送り迎えや静岡など遠征先への車出し、試合の準備と保護者もいろんな形で関わる必要があります。私は父親の分も1人でやることになりましたけど、全てが楽しかった。親が楽しむことで、子どもも楽しめるのかなと思います」(祐子さん)

母のポジティブシンキングが影響し、何事にも前向きな性格になった宏介少年。サッカーはもちろんのこと、勉強もおろそかにしていいわけではなかった。兄・大哉さんが私立中学校に進んだこともあり、太田家では次男も中学受験するのが当たり前と考えられていた。宏介少年も小4になると進学塾に体験入塾。勉強とサッカーを両立するはずだった。が、親の思惑は見事に外れた。

「塾には行かない」

宏介少年はこう言い放ったのだ。

「成績は悪くなかったけれど、受験となれば勉強一色になる。自分はどうしてもサッカーに専念したかったんで辞めたんです」（太田）

人生を左右する決断をした宏介少年をよりサッカーにのめり込ませたのが、つくし野でのキャプテン就任だった。

松居コーチがその経緯を説明する。

「宏介は低学年から突出した存在だったんで、自分本位のところがあった。このまま行ったら本当に『ジャイアン』みたいになってしまうかもしれない。それを危惧して、小4からキャプテンにさせて、仲間を引っ張る意識や献身性を身につけてほしいと考えました。ピッチ上でも『周りを生かす、味方を生かすプレーをやりなさい』と半強制的に教えました。うまいだけではサッカーはやっていけない。それを宏介は高学年の3年間で学んでくれたと思います」

成果は試合にも出るようになる。小5の冬の日産カップ東京都大会準決勝・町田JFCとの試合は1つの象徴だ。JFCは小林悠擁する町田ナンバーワンの実力を誇るクラブ。「悠は誰が見ても明らかに町田で一番だった」と太田も言い切るほどの頭抜けたタレントだった。

その相手とつくし野は壮絶な点の取り合いを演じ、3―2で勝利する。キャプテンの宏介少年はチーム全体を鼓舞するとともに、自らもハーフウェーラインからドリブルで持ち込んで得意の左足で豪快なシュートを蹴り込んだ。

「あのゴールは感動的でした」と松居コーチが言うほど、つくし野の10番は光り輝いていた。

町田で異彩を放つ左利きの少年は東京選抜、関東選抜まで上り詰め、噂はJクラブにも届いた。その結果、小6の時には横浜F・マリノスジュニアユース(新子安校)から誘いを受けるに至った。だが、本人はアッサリと断りを入れ、地元のFC町田に進むことにした。

「今では想像してもらえないかもしれないけれど、当時の僕はシャイで、新しい環境に

PHOTOS:Masahiro Ura

当時の僕はシャイで、新しい環境に飛び込むのがすごく苦手だった

飛び込むのがすごく苦手だったんです（笑）。FC町田ならつくし野や選抜でやってた仲間と一緒にやれる。それで迷わず選択しました」

2000年春、太田は町田市立つくし野中学校に入学。同時にFC町田の一員となった。

苦境に立たされるもサッカーと真剣に向き合う日々

FC町田は1977年、FC町田トレーニングセンターとして活動を始め、ジュニア、ジュニアユース、ユースと各カテゴリーのチームができ、89年にはトップチームが発足。97年にFC町田ゼルビアにチーム名が変更され、2008年にプロ化。現在のチームに発展的に移行している。

太田がジュニアユースにいた頃もクラブの活動は盛んで、個性豊かな面々が多かった。2002年ワールドカップ日韓共催大会で町田出身の戸田和幸がやっていた赤のモヒカンを真似て練習にやってきた選手もいたという。「今日帰ったら坊主にします」と言う本人を練習禁止にしたというエピソードもあり、指導する側は規律を重んじながら、個人能力を高めさせるべく、アプローチしていたようだ。

中2後半から卒業までの1年半、彼らの指導に携わった岸田コーチは、太田の印象を懐かしそうにこう語っていた。

「宏介は11人中1~2番の能力を持つ選手でした。左足のキックは頭抜けていて、レフティならではの独特の持ち方ができた。同じタイプの選手もいなかったので、特徴を活かしやすい環境ではあったと思います。

ただ、中学生は気持ちの浮き沈みが激しく、急にパフォーマンスが低下することもある。彼も例外ではなく、必ずしもチームの中心になり切れないときもありました。『お前が120%でやらないといけないんだよ』とよく声をかけていましたね」

思春期はクラムジーに陥りやすい時期。太田自身もつくし野で一緒にプレーしていた仲間が遊びに走ったりするのを見て憧れたり、腰椎分離症になってサッカーが満足にできないこともあり、苦悩する時間が多かった。

その彼に追い打ちをかけたのが両親の離婚だ。中3の10月に突如として引っ越しをすることになったのだが、それまでのモダンな一軒家とは打って変わって古いアパートに引っ越さざるを得なくなり、家族3人は生活面を含めて苦境に立たされた。

「とてもじゃないけど友達を呼べるような家じゃなかった。母さんも不安定で大変でし

太田宏介 KOSUKE OTA

た。引っ越した日に3人で話したのは『1日でも早くこの家を出よう』ということ。僕はプロになり、兄は起業してお金をたくさん稼ぐんだという話もしました。兄は大学生でしたけれど、遊びを一切やめてバイトでお金を稼いで家に入れてくれた。だから僕も変わらないといけないと思って『サッカーにしっかり向き合おう』と決意したんです」

と太田は語る。

息子が言うように祐子さんも「あの頃はお先真っ暗でした」と苦渋の表情を浮かべる。それでも息子たちのひたむきな姿に勇気づけられ、新たな一歩を踏み出せたという。

「それまで専業主婦だったのが急に働くことになって正直、戸惑いはありました。それでも宏介は私が仕事から帰ってくるまでお腹を空かせて待っているような子でした。純粋にサッカーに向き合っているし、本当に一生懸命。グレることもなく、反抗期もなかった。その姿を見て、何とか頑張って応援したいと思いましたね」と母は本音を吐露する。

「家庭の事情は親御さんから聞いていましたけど、宏介は何も感じさせることなく、最後まできちんとやっていました。中3の日本クラブユース選手権の東京都予選で調子が悪くて途中交代させたらペットボトルを蹴飛ばしてベンチに戻ってきたことがありましたけど、そのときも『自分がダメだとチームも悪くなる。適当なプレーをしてちゃいけないんだ』と気づいてくれた。本当に前向きな選手だったと思います」と岸田コーチも太田の精神的な強さを実感したようだ。

急激な家庭環境の変化によって、進路選択も難しくなった。町田という地域柄、桐光学園や桐蔭学園、Jリーグのユースと選択肢は多かったが、金銭的な事情もある。

さまざまな思いを巡らしていたとき、選抜やトレセン活動を通して小学校時代から親しかった小林悠の母親が「麻布大学附属渕野辺高校（現麻布大学附属高校）はどうか」という話を持ってきたという。

「悠のお母さんが渕野辺高校の一期生で、僕らが入学する年からスポーツ科ができることを教えてくれた。サッカー部の石井孝良監督の教え子でもあって、先生に特待生で入れるように話もしてくれたんです。悠をはじめ町田JFCのメンバーも行くし、僕のいたFC町田からも何人か行くというんで、僕も迷わず決断しましたね」と太田は深く感謝する。

母・祐子さんも「悠君のママはプロを想定していたみたいですけど、私は全く知識もなかった。ただ、サッカーが大好きな宏介が楽しくできるところに入ってくれればいいと思っていました。先生に事情を話してくれて経済的負担も軽減してもらえたのも本当にありがたく感じました。そうやってたくさんの人たちに助けられて今があると感じます」と目を潤ませた。

左サイドバックのスペシャリストとして成長

2003年に入学した麻布大渕野辺高校は、楽しさ第一だったつくし野時代、規律を重んじながらも個の力を伸ばしたFC町田時代とは異なる高校サッカー特有の厳しさがあった。

「高校になると連帯責任でダッシュ100本をさせられたり、矛盾や理不尽なことが多いじゃないですか。当時はふてくされたり、いろんな思いがありましたけれど、自分に厳しくなったのは確か。ハードな練習をしたおかげでプロのフィジカルトレーニングもラクに感じます。高校生のときはプロの何倍も走っていたから、そこで養われたメンタル面は大きいと思います」と太田は冷静に分析する。

こうした中、彼はそれまでのトップ下ではなく、3−5−2の左ウイングバックでプレーするようになり、左足でインパクトを残すチャンスが一段と多くなった。

小林悠、小野寺達也（ギラヴァンツ北九州）といった能力の高い仲間にも恵まれ、2・3年で立て続けに高校サッカー選手権出場を果たす。

母・祐子さんもスポーツの食事の本を読んでバランスのいいメニューを心がけるなど、できる限りのサポートをした。そして息子の大学進学を視野に入れ、費用捻出にも頭を巡らせた。

「渕野辺自体、僕らが入るまで全国大会の経験もなく、大学に行ってサッカーをする卒業生もいなかったので、国士舘と東京農大しか推薦の道がなかった。僕もそのどちらかに行くつもりで、奨学金を借りることを考えていました。その願書を出そうとした前日、横浜FCの方が来てくれました。プロ生活1年目で給料も安かったけれど、好きなサッカーでお金をもらえるなんて、そんなに幸せなことはない。そう思って即決しました」と太田は急転直下で決まったプロ入りの経緯を打ち明ける。

2006年に横浜FC入りした直後、太田は兄・大哉さんと共同名義でマンションを購入。そこに母と引っ越して練習に通う日々を送るようになった。プロ生活1年目にはリスクの高すぎる買い物だったが、「母さんを幸せにする」という一身で覚悟を決めた。借金を背負った以上、プロとして成功するしかない。

太田宏介 KOSUKE OTA

1年目こそケガやセンターバックという新たな役割への適応に苦しんだが、2年目には同ポジションでレギュラーを確保。同年7月のU－20ワールドカップ（カナダ）に参戦するほど急激な飛躍を遂げた。

最大の転機だったのは、3年目の2008年。

元日本代表左サイドバックの名手だった都並監督の下で、左サイドバックとして英才教育を受けるチャンスに恵まれたのだ。

「サイドバックとして1年間ずっと使ってもらって、専門的な守備を教わり、キックの蹴り方も練習後に延々と指導してもらいました。明らかに俺が一番怒られた。周りの選手からはひいき目に映っちゃうかもしれないけど、それくらい愛情を持って接してくれたんです。今でもたまに連絡をくれて『お前、あのシーンはちゃんと寄せろよ』って具体的なアドバイスをしてくれます。そういう人に巡り合えたのはすごく大きかった」と本人はしみじみと言う。

都並氏はかつて「左サイドバックのスペシャリストを育てたい」と語っていたことがある。レフティの太田は最高の逸材だったのだろう。この出会いも幸運の1つに他ならない。努力によって苦労を乗り越えてきた人間を神様はきちんと見ているのだ。

**僕が一番大事にしてきたのは、
普段から自分を支えてくれている
家族、コーチ、学校の先生たちに
感謝の気持ちを持ち続けること**

太田宏介 KOSUKE OTA

その後、太田は環境を変えながら日の丸を背負うまでにステップアップ。31歳になる2018年はFC東京のタイトル獲得と日本代表レギュラー定着という大きな目標に向かって突き進んでいる。

「僕が一番大事にしてきたのは、普段から自分を支えてくれている家族、コーチ、学校の先生……そういう人たちに感謝の気持ちを持ち続けること。自分の場合もそうだけど、サッカーさせてもらえるのは当たり前じゃないし、スパイク1つだって親が稼いだお金で買ってもらえる。指導してくれる人が怒るのも期待してくれているから。そこに感謝しながら全力で取り組むべきだと思います。

技術面では人と違った武器を持つこと。そのためには人と同じ練習をしてたらダメ。僕も時間さえあればボールを蹴っていた。サッカー選手になっている人はみんなそう。FKはプロになってからだけど、左足のキックは子どもの頃からずっとやっていました。継続は力なりってホントにそうだなと思う。反復練習は一番面白くないし、すぐ飽きるけど、やらないといけないですね。

もう1つ大切なのは運。それは自分の普段の生活が必ず出る。いい準備をしている人しか運をつかめないっていうのはその通りだと思います。今、サッカーをやっている子どもたちにはぜひ実行してほしいと思います」

そのメッセージを自分自身に刻み込んで、太田宏介は今日も明日も未来に向かって前進し続けるはずだ。

PHOTOS : Getty Images

意欲と遊び心を持ってトライ!
教え込まれず、自分なりの創意工夫が
野性的なプレースタイルの原点

川又堅碁 かわまた・けんご

[FW/ジュビロ磐田]

KENGO KAWAMATA
PROFILE

1989年10月14日生まれ、愛媛県出身。ポジションはFW。小松高校在籍時に特別指定選手としてJ2の愛媛FCでJリーグデビュー。高校卒業後の2008年にアルビレックス新潟に入団。2012年、J2のファジアーノ岡山に期限付き移籍後、年間18ゴールをあげて新潟に復帰。2013年はJ1得点ランク2位となる23得点を記録した。2014年8月名古屋グランパスに完全移籍した。2017年からはジュビロ磐田に移籍し、ゴールハンターとして活躍。

［プロサッカー選手になるまでの軌跡］

［小学校時代］周布サッカースクール
［中学校時代］東予東中学校
［高校時代］小松高校

２０１７年12月のＥＡＦＦ Ｅ−１サッカー選手権２０１７決勝大会（東アジアカップ）。負傷で辞退した杉本健勇に代わり、追加招集された点取り屋・川又堅碁が３試合続けてジョーカーとして出場。異彩を放った。

とりわけ、大きな役割を果たしたのが、12月９日の北朝鮮戦のアディショナルタイム。左サイドの敵陣深い位置からファーサイドにいた今野泰幸（ガンバ大阪）を目がけて精度の高いクロスを上げた場面だ。

今野の落としを井手口陽介が蹴り込み、日本は土壇場で決勝点を挙げて勝利。川又の評価も急上昇した。

「点を取れていないからまだまだ。こんなことで満足していたら、俊（中村俊輔＝ジュビロ磐田）さんに怒られる」と偉大な先輩へのリスペクトを口にしながら、さらなる高みを目指そうとした。

結局、日本は同大会で優勝できなかったが、川又自身にとっては自らの存在価値を再認識させる絶好の場となった。

川又が日本代表に初めて呼ばれたのは、この3年半前の2014年4月。2014年FIFAワールドカップブラジル大会直前の国内最終合宿だ。アルベルト・ザッケローニ監督に期待を寄せられ、滑り込みでブラジル行きを果たすのではないかとさえ言われていた。

しかし、ケガやコンディション不良などが重なって最終的に落選。西条市立東予東中学校時代の恩師である柴田喜清先生（現西条市立丹原西中学校校長）に電話して「（次の）ロシアですよ、ロシア」と明るく語り、いち早く気持ちを切り替えた。

その後の4年間も断続的に日本代表に呼ばれたが、残念ながら定着は叶っていない。しかしながら、名古屋グランパス、磐田と2度の移籍を経て、点取り屋としてスケールアップしたのは間違いない。

「30歳くらいから点を取り出している日本人FWは多い。そういう意味では俺はまだまだ若い。このまま終わるつもりはないし、この先、絶対に爆発しますよ」と本人は目をぎらつかせながら野心を抱き続けている。

「中学生の川又を初めて見た時、同年代の子とはフィジカル的なポテンシャルが全く違うことに驚きました。私が教えた福西崇史（現解説者）をはるかに超えた並外れたスケール感がありました。足元のスキルを含め、もっと多彩な動きができるようになれば、彼はまだまだイケると思います」と愛媛県立小松高校時代の真鍋秀樹監督（現新居浜東高校サッカー部部長）も太鼓判を押したように、彼に関わった誰もが底知れぬ潜在能力を認めている。それだけ大器の予感を漂わせる大型ストライカーの少年時代を改めて紐解いてみる。

川又堅碁 KENGO KAWAMATA

30歳くらいから点を取り出している
日本人FWは多い。
そういう意味では俺はまだまだ若い。
このまま終わるつもりはない

PHOTOS:Kenzaburo Matsuoka

堅碁少年の思考を変えた父の教え

今治市と西条市に挟まれ、大阪や神戸に向かうフェリーの出る東予港もある愛媛県東部の東予市。２００４年には西条市に合併されてしまったが、この人口３万超の小さな町で川又堅碁はバブル全盛期の１９８９年10月に生を受けた。同市からは長友佑都（ガラタサライ）も出ている。瀬戸内海の荒波と変化に飛んだ気象条件が逞しい人間を育てるのかもしれない。

「堅碁」という一風変わった名前の由来を父・勇人さんがこう説明する。

「私の座右の銘が『堅忍不抜』で、そこから『堅』の1文字を取りました。『碁』のほうは囲碁のように先をしっかり見通して最後までやり抜けるようにという願いを込めました」

この説明を小学生の時に聞いた川又は、「同名はいないし、すごく気に入っています。でも先を見通せる子には全然なれてない」と苦笑していた。

川又家は弟・悠揮さん、妹・千明さんの3人兄弟。賑やかな一家で、両親は子どもたちの好きなことを何でもやらせるのがポリシーだった。

「何事も一生懸命やってくれればいい」というのが両親の口癖。それを子どもたちも守りつつ、成長していった。

堅碁少年は幼稚園の頃、気管支を患って2〜3回入院したことがあった。そこで両親が「体にいい」と水泳を勧めたところ、本人も熱心に練習するようになった。

サッカーもその入院時に父が見せた『キャプテン翼』のビデオがきっかけだという。それ以外にも野球や陸上、剣道と次々にスポーツへ取り組み、瞬く間にこなしていく。それも専修大学時代に跳躍競技で活躍していた父から譲り受けたＤＮＡによるところが大きかったようだ。

「ウチの親父は身長１７０㎝くらいなのに高校時代は、三段跳びで全国6位になったと聞いている。足も速くて、学校の親子リレーに出ると物凄かった。野球もスイッチヒッターで遠投もメチャ飛んでいたし、ホントにうまかった。今は小学校の先生だけど、正直、もったいなかったね」と息子に言わしめるほどの運動神経の持ち主だったのだ。けれども、勇人さんはそんな経歴をおくびにも出さない控えめなタイプ。謙虚かつ誠実に振る舞うことの重要性を、堅碁少年は父の背中から学んでいった。

このように尊敬してやまない父からも、こっぴどく怒られたことが1度だけあった。それは東予市立周布小学校4年の出来事だ。

小学校入学と同時に学校のスポーツ少年団に入った堅碁少年は、どんな時もボールを離さない生粋のサッカー小僧。体も大きく練習熱心で、他の子よりはかなりうまいほうだった。そういう選手から見ると、周りが下手に見えることも多い。

ある試合で、堅碁少年は仲間が失敗するのを我慢できず、「何しよんぞ（何やっているんだ）！」といらだちをぶつけた。その様子を間近で見ていた父は、家に帰るなり、息子を正座させて、叱ったのだ。

「チームメイトにああいう言い方をしちゃいかん。やる気がなくなるやろ。仲間なんだから『ドンマイ』とか『惜しいよ』とか、もっと前向きな言い方をせないかんぞ」と。

川又はこの時から自分自身の思考が変わったと強調する。

「メッチャ泣いて、反省文も書いた記憶があります。俺らのチームは弱かったから、ネガティブなことばっかり言っていたら、やっぱり雰囲気が悪くなる。逆に『下手でも大丈夫』『また次、行けばいいよ』とか、ポジティブな言い方をすれば、自信が湧いてきて、みんなの輪ができて、チームも強くなる。自分がひとつ言い方を変えるだけで、物事は

川又堅碁 KENGO KAWAMATA

前向きに進んでいく。そういうものなんですよね」

周布少年団はお父さんコーチが指導する町クラブだった。勇人さんも教えてはいたが、基本的に全体練習は週末だけだった。堅碁少年はそれ以外の日は仲間と校庭や公園でボールを蹴ったり、父方の祖父の家に出かけて目の前に広がっている海岸の砂場で1人、シュート練習に没頭したりしていた。

「じいちゃんの家の3歩先がビーチで、ボールを海に蹴ってなくすんで、よく泣いていたんですよ。それを見かねたじいちゃんが、漁師網と竹で手作りのゴールを作ってくれて、そこで思いっきりシュートを打っていました。そのゴールは台風で飛ばされて、今はもうないんですけどね（苦笑）。

周りも協力してくれたけど、自分もうまくなろうといろいろやっていました。犬の散歩をしながらドリブルするとか、デコボコのあるところでイレギュラーバウンドしたボールを処理するとか、バスケットゴールにループシュートを入れるとか。バスケの時はなかなかうまくいかないんで、『入るまで今日の夕飯は食わない』くらいの意気込みで真っ暗になってもやり続けた。根っからの点取り屋だったから、そんなことに挑戦できたのでしょう」

PHOTOS:Kenzaburo Matsuoka

（味方に）
ポジティブな言い方をすれば、
自信が湧いてきて、みんなの輪ができ、チームも強くなる

川又堅碁 KENGO KAWAMATA

川又はそう当時を振り返る。

後に表彰されるに至った書道を含め、堅碁少年は興味を持ったことには意欲と遊び心を持って、自分なりに創意工夫を凝らしながらトライしていたのだ。

ストリートサッカーが消滅したと言われるこの時代に、そういう成長過程をたどったプロ選手は極めて少ない。彼の野性的なプレースタイルの原点は東予市で暮らした小学校時代にある。

「私たち親は堅碁や悠揮が頑張っている姿を見るのが好きで、ビデオカメラを持って、よく試合へ足を運びました。堅碁は試合に負けたら悔しくてホントによく泣いていた。それが非常に印象的ですね。

堅碁が他の子と違ったのは、自分の試合が終わっても、他の試合をじっと見ていたこと。子どもは集中力が続かないから、飽きてボールを蹴りはじめたり、追いかけっこをはじめたりするのに、あの子だけはプレーを見ていた。『他の人のやっていることを見るのも勉強だよ』とはよく話していましたけど、それを本当に実践して、何かを吸収しようとしていたんでしょうね。そこはすごいと思いました。かといって、当時はＪリーガーになってほしいとは夢にも思わなかった。どんな仕事でもいいから地道に一生懸命

やってくれたらそれでよかったんです」（父・勇人さん）
周布少年団は東予市の大会に勝つのが精いっぱいだった。そんな中で、堅碁少年は変なプレッシャーを感じることなく、自由に楽しく充実したサッカーライフを送ることができた。

成長と挫折を経験した中学時代

福西崇史が愛媛県出身者として初めてワールドカップに出場した2002年、川又は東予東中学校に入学。そこでサッカー専門の指導者とようやく出会う。

日本体育大サッカー部出身で、地元に戻ってからは、2004年アテネ五輪代表GK黒河貴矢（現JAPANサッカーカレッジGKコーチ）の指導に携わった柴田先生が異動してきたのだ。

「周布小学校から来た選手はうまい子が多くて、中でも堅碁はタテに抜けるスピードが頭抜けていました。フェイントなしでも爆発的なスピードで裏へ飛び出せるという意味では、かつての岡野（雅行＝現ガイナーレ鳥取GM）に似ていたかな（笑）。レフティ

川又堅碁 KENGO KAWAMATA

ですし、左サイドで使おうと思って1年から試合に出しました」と恩師は述懐する。

ただ、中学1年生の川又はナイーブな性格で、柴田先生が少し怒るとすぐ泣く子だった。先輩との関係が気になったのか、持てる力を出し切れない。そういう気弱な面を払拭させようと、指揮官はゴールの横にイスを置いてドッカリと腰を下ろし「自分に当たってもいいから思いっきり蹴れ」と川又をけしかけた。そんな刺激がプラスに作用したのか、日に日に逞しくなっていった。

柴田先生のコネクションもあり、山口県周南市のフェスティバルにも参加し、高いレベルの試合経験を積み重ねることもできた。

その成果もあり、チームは1年時のナイキカップでいきなり愛媛県準優勝。2年時には四国大会出場を果たした。

「東予東中には4つの小学校から集まるんだけど、どの小学校も県大会へ一度も行っていない。それを四国大会に出すんだから、先生の手腕はすごかった。3年になったら一緒に全国へ行こうって話していました」と川又も絶大な信頼を寄せていた。

ところが、彼が3年に上がるタイミングで柴田先生が突然、隣の東予西中へ異動することになってしまう。キャプテンを任されていた川又にとっては青天の霹靂だった。

「異動が決まった3月に選手に伝えましたけど、彼らはピンと来ないみたいで、『どうなるんだろう』と不安そうに私を見つめていました。後任もサッカーに関しては専門的な指導経験はあまりない方でしたので、キャプテンの堅碁は困ったでしょう。お母さんも保護者会の代表だったので、よく2人で私のところに相談に見えました。トレーニングメニューは毎日考えてやれないんで『新しい先生の言うことをよく聞いて、今までやってきた練習を繰り返すように』とは言いましたけど、隣の中学の教師という立場上、私もそれくらいしかできない。本当につらかったし、申し訳ない気持ちでいっぱいでした」（柴田先生）

川又は川又なりに何とかチームの実力を維持しようと、練習メニューに工夫を凝らし、仲間たちにさせようと仕向けた。が、指導知識のない中学生が柴田先生と同じことをやろうとしても段取りや効率が悪くなり、どうしても円滑には進まない。

1時間半で済むはずの練習が2〜3時間かかったら、不満を持ったり、やる気がなくなる選手も出てくる。

「俺は全国へ行きたかったから、必死に練習するしかないと思っていた。でも同級生同士なのにこっちが一方的に発信していたら、『なんでお前に言われなアカンねん』みたいな雰囲気になるよね。ホント難しかった」と川又は当時の戸惑いをストレートに口にしている。

父・勇人さんも少しでも息子をサポートしようと、同期の仲間を家に呼んで励ますなど、できる限り息子の手助けを試みたが、劇的な解決にはつながらなかった。結局、東予東中は柴田先生率いる東予西中に市大会決勝で勝って県大会に進出したものの、まさかの1回戦負け。全国の夢は、はかなく消えた。

川又の落胆はあまりにも大きかった。

中学3年生時には冬の高円宮杯U－15ユース選手権がまだ残っていたが、彼は東予東中でそのままプレーを続ける気になれなくて、一時的にサッカーから遠ざかったのだ。

「あれだけ情熱を傾けたサッカーがうまくいかなくて、少し考える時間が必要だろうと思い、私たち親も黙って見守っていました。堅碁もちょっと荒れた時期があり、お祭りで羽目を外したこともあった。私は人に迷惑をかけるようなことをしたら容赦なく怒りますし、頭を丸めさせたこともあった。ただ、私より息子を近くで見ていた連れ合いは『堅碁は絶対に大丈夫だから』と断言していた。その言葉もあって私も信じ続けることができました」と父は複雑だった思いを明かす。

思春期特有の揺れ動く心……。

そういう中でも川又のサッカーへの思いが消えることはなかった。

社会人チームに行ってボールを蹴ったり、U-15日本代表候補にも抜擢された同じ県内の同学年のMFである井上翔太（ギラヴァンツ北九州＝当時松山市立三津浜中学校）にライバル心を燃やして、冬場は1日の8～10キロのランニングを欠かさなかった。自分の情熱をぶつける先を、彼は必死に探し求めていた。

そんなある日、1人の名指導者が東予東中にやってきた。福西を育てた真鍋監督である。隣接する小松市（現西条市）にある小松高校を率いていた指揮官は、川又をぜひ手元で育てたいと考えていたのだ。

「中1の彼を最初に見た時、1人だけ雰囲気が全く違いました。体は細いのにスピードが抜群で、中学時代の福西よりポテンシャルが高かった。小松高校と東予東中でよく練習試合もしましたけど、我々のほうがよくやられていた。久しぶりに見た可能性のある子を大きく伸ばしたいと考えていました。柴田先生が異動された後も連絡を取っていて、『最近、川又の様子がおかしい』という話は耳にしていました。ちょうど推薦入学の対象になる目ぼしい子のところを回っていたので、彼の中学校にも足を運び、お母さんと

川又堅碁 KENGO KAWAMATA

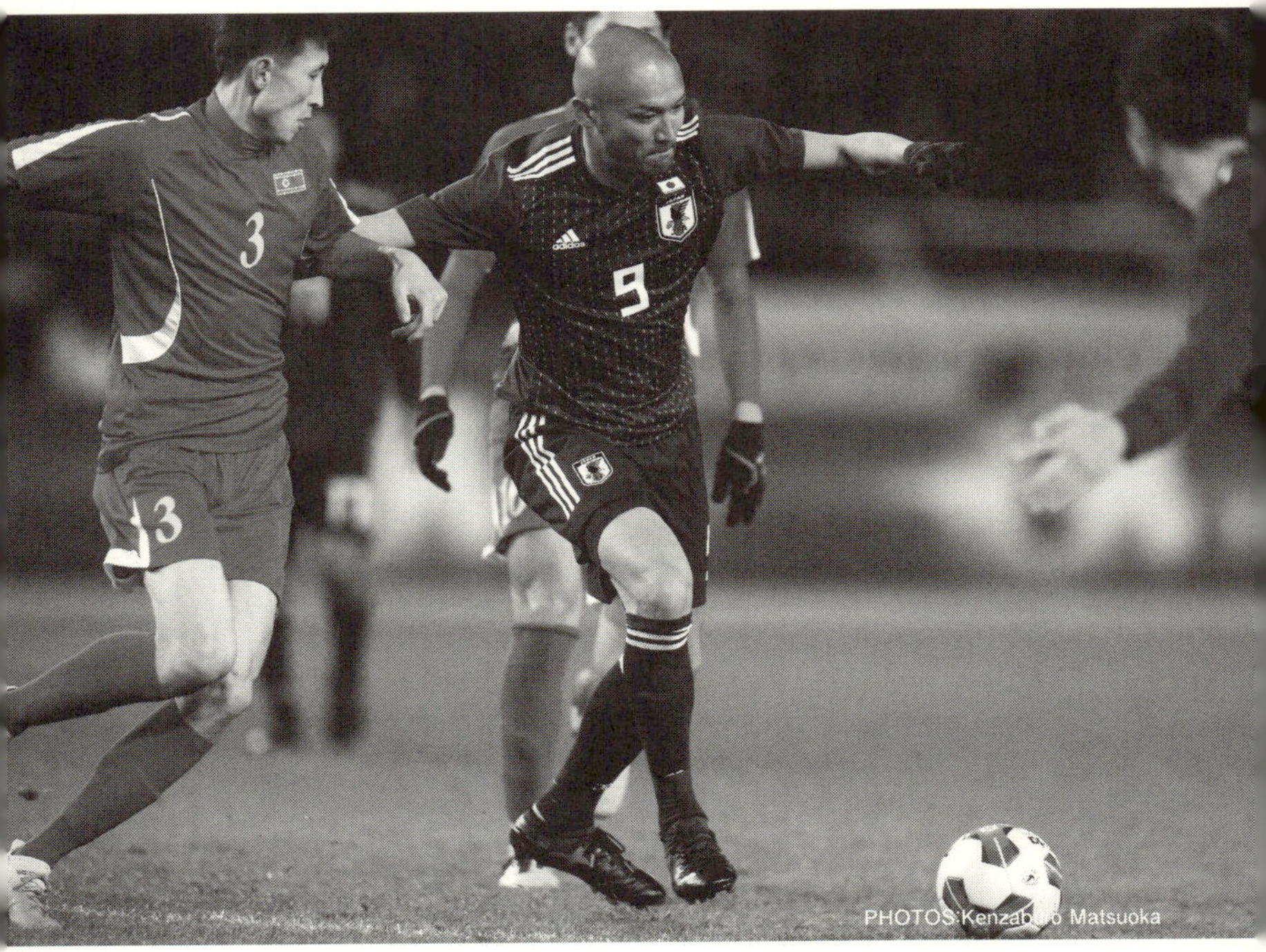

PHOTOS:Kenzaburo Matsuoka

あれだけ情熱を傾けたサッカーが
うまくいかなくて、
少し考える時間が必要だろうと思い、
私たち親も黙って見守っていました
（父・勇人さん）

3人で話して『ぜひ来てほしい』とお願いしたんです」

愛媛トレセンに呼ばれるなど、地元では知られ始めていた川又のところには5〜6校から推薦の話が来ていた。

本人も自宅から離れた松山の高校進学も考えたというが、真鍋監督の誘いが全ての迷いや誘惑を断ち切らせ、再びサッカーへまい進する決意をさせた。

2005年春、彼は小松高校へ進学。ゼロからの再スタートを切った。

課題を乗り越え成長を続ける大型ストライカー

真鍋監督は「自分があまり選手をいじらずに、持っている魅力を伸ばしたい」と考えるタイプの指導者。川又の場合は身体能力がずば抜けていたため、それを生かしつつ課題である足元のスキルを磨くように仕向けた。

もともとサッカーに対して誰よりも貪欲だった川又は、監督に言われる前に率先して自主トレをこなした。プロになりたいという意思の強さを指揮官はひしひしと感じ、1年最初の高校総体予選から起用し始めた。

川又堅碁 KENGO KAWAMATA

中学3年生の時と同様に地域のお祭りで羽目を外し、選手権県予選ではメンバーから外すという荒療治をしたこともあったようだが、陽気さや大胆さも川又の魅力。真鍋監督は大器になりそうな予感を覚えていた。

そこから県トレセン、四国トレセンと着実にステップアップした川又は高校2年生の時、愛媛FCの強化指定選手になる。そこから、より一層知名度を高め、アルビレックス新潟入りにつながった。

「俺が徳島ヴォルティスに練習参加した時、新潟のスカウトの鈴木健仁（現アビスパ福岡チーム強化部長）さんが阪南大の選手を見るために来ていて、たまたま自分に目をつけて、熱心に誘ってくれたんです。

だけど新潟に行ってから、それまでにないほどの大きな壁にぶつかった。4年ほど何もできんかったから。Jリーグのジュニアから上がってきたカキ（柿谷曜一朗）みたいな華麗なテクニックはないし、そういうことを習得する大切さも再認識した。自分のような雑草が育成時代に週1～2回、洗練された練習に行くチャンスがあったら一番いいんじゃないかと思いますね。

ただ、自分の人生を振り返ってよかったと思うのは、プロになるための逆算を全くしてこなかったこと。どんどんサッカーがうまくなりたくて、試合で点を取りたくて、バスケゴールでループシュートやって……と、全部自ら課した課題をクリアしてきた。ただただサッカーが好きだからここまでやってきたんです」と川又はしみじみと語ったが、こうした純粋な思いが2013年J1での23ゴールという目覚ましい結果につながった。

「2012年に（ファジアーノ）岡山に移籍させてもらって、そこで得点感覚をまた戻させてもらいました。それをJ1のピッチで出せるようになったのがよかったと思います」

2013年12月のJリーグアウォーズで、ベストイレブンに輝いた坊主頭の眼光鋭い点取り屋は、スポットライトの当たる檀上で誇らしい表情を浮かべた。その姿をテレビ越しに遠い愛媛から見守っていた父・勇人さん、母・万里子さんは思わずうれし涙を流したという。

「堅碁はサッカーが大好きで、今までずっと諦めずにやってきました。本人は言わないけど、つらい思いもたくさんしたと思います。他の選手に比べて技術的には足りない部分も多いですけど、もっと上を目指して頑張ってほしいです」と父は息子にエールを

川又堅碁 KENGO KAWAMATA

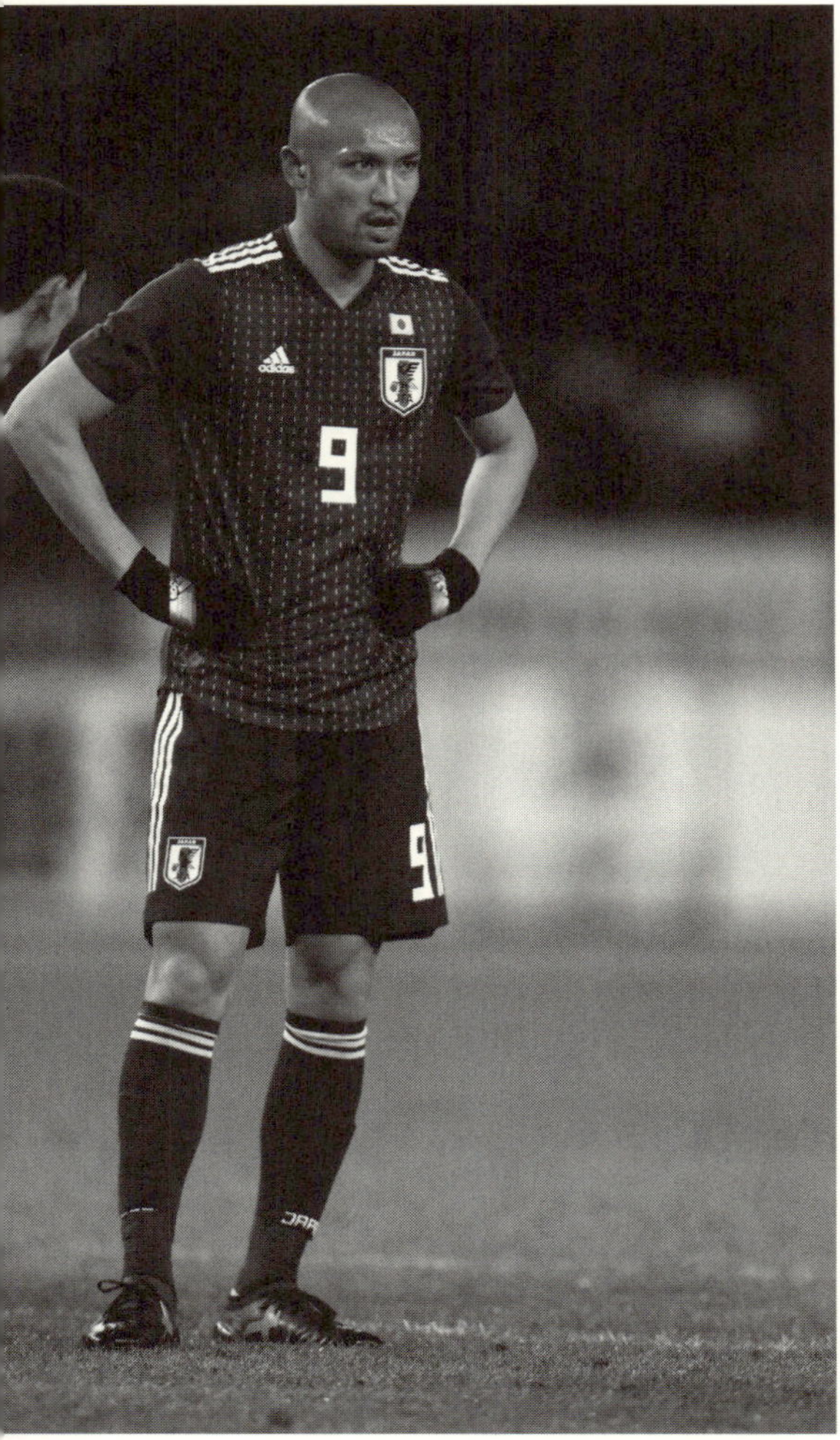

PHOTOS:Kenzaburo Matsuoka

自分の人生を振り返ってよかったと思うのは、
プロになるための逆算を全くしてこなかったこと。
ただただサッカーが好きだからここまでやってきた

送った。

２０１４年夏には名古屋グランパスへ移籍。玉田圭司（名古屋）のような技術の高いＦＷ、田中マルクス闘莉王（京都サンガ）のようなタフなメンタリティを持つ選手と出会い、大きな刺激を受けた。

さらに２０１７年のジュビロ磐田移籍では、名波浩監督と中村俊輔という日本代表エースナンバー10をつけた両レフティからＦＷとしての基本をイチから叩き込まれた。

「ロベルト・レヴァンドフスキ（バイエルン）やジエゴ・コスタ（アトレチコ・マドリード）みたいな何でもできるＦＷを目指して、これからも頑張っていきたいです」と川又はつねに高みを追い求め続けている。

本人も言うように、中山雅史（アスルクラロ沼津）や岡崎慎司のように25歳を過ぎてから飛躍的成長を遂げるアタッカーは少なからずいる。川又はあまり多くのことを教え込まれてこなかった分、伸びしろは非常に大きいはず。ここからが彼にとっての本当の戦いだ。

おわりに

本書は季刊誌『ジュニアサッカーを応援しよう！』の冒頭企画「僕らがサッカーボーイズだった頃」をベースに加筆・修正を加えたものである。この連載は２００９年にスタートし、ありがたいことに10年近くも続いている。すでに取材させていただいた選手は70人近くにのぼっているが、近年感じるのは「選手の成長過程がこれまで以上に多岐にわたっている」ということである。

私がサッカーの取材を始めた20数年前は、「年代別代表を経て、高校サッカーの強豪校へ進み、18歳でＪリーグ入り」というのが王道だった。１９９９年ワールドユース（ナイジェリア）で準優勝した「黄金世代」の小野伸二（北海道コンサドーレ札幌）や遠藤保仁（ガンバ大阪）、小笠原満男（鹿島アントラーズ）らがその象徴で、大学に進んでからＪリーグ入りする選手は非常に少なかった。

２０００〜２０１０年代になると、坪井慶介（レノファ山口ＦＣ）や中村憲剛（川崎フロンターレ）、岩政大樹（東京ユナイテッドＦＣ）のように大卒でＪリーガーになり、日本代表入りする選手が少しずつ増えてきた。海外移籍の可能性も広がり、本田圭佑（パチューカ）、香川真司（ドルトムント）、吉田麻也（サウサンプトン）のように20歳前後で欧州へ赴く選手も続々と出てきた。ＦＣバルセロナのアカデミーで小学校時代を過ごした久保建英（ＦＣ東京）のような例も出現した通り、１人の選手が歩む道の選択肢は広がり、多様化する一方だ。こうした流れの中、２０１８年現在を迎えている。

本書で取り上げた10人を見ると、杉本、小林、久保、中島、中村は地元のクラブからＪリーグのアカデミーに進み、年代別代表も経験してプロになった。このルートが昨今のＪリーガーには一番多いのも事実である。

しかしながら、Ｊクラブを一切経由せずにトップレベルに躍り出た者もいる。川又や太田は町クラブ→高校と地味なキャリアを積み重ねてプロになっているし、伊東純也は高校から大学へ進んで才能を開花させている。長澤などは大学からいきなりドイツ・ブンデスリーガ２部のケルンへ赴くという大胆なキャリアを選んだ。森岡にしても、18歳で入団したヴィッセル神戸でエースナンバー10に上り詰めながら、その立場をいったん横に置いて、ポーランド１部という欧州の中では中堅リーグへ行き、ステップアップのチャンスをつかんだ。後者の５人は10代の頃はあまり有名ではなかったし、年代別世界大会にも出ていない。ユース年代までの実績や評価が全てではないのだ。

「サッカー選手はゴールデンエイジにパーフェクトスキルを身につけないと、その後の成長は見込めない」

これが日本サッカー界の常識になっているが、確かに技術を体得するのにベストな年齢はある。しかし、サッカー選手の成長にはフィジカル、メンタル、戦術理解力などさまざまな要素が絡み合ってくる。12歳の時点で完璧な技術を備え、Jリーグアカデミーに入って活躍できたとしても、大人になってからの成功が約束されるわけではない。今回取り上げた面々の足跡を辿れば辿るほど、そういう思いが強まってきたのは確かだ。

ただ、どんな過程を辿ろうと、サッカーに対する強い思いを失ったら、絶対に成長は見込めない。順風満帆な人生だけを送る人間はいないから、誰もが必ず苦境や挫折を味わう。サッカー選手の場合も、試合に出られなくなったり、希望のポジションで起用してもらえなかったり、ケガで長期間のリハビリを強いられるといったアクシデントは起こり得る。そこでやる気と向上心を失い、諦めてしまったら、成功の可能性はゼロになる。

「一番大切なのは諦めないこと。失敗する中で、最後まで続けた人、辞めなかった人間こそが勝つ。それが僕の信じてきたことです」

本田圭佑のこの言葉に、私は強く共感している。そして、今回登場してくれた10人のトップ選手にも共通する思いだろう。そういう長期的視点を持って、多くのサッカー少年たちに、己の夢に向かって挑戦し続けてほしい。彼らを取り巻く保護者や指導者も温